会話で覚える

スペイン語
文法用例集

青島　郁代　著

大学書林

はじめに

　スペイン語を学習する際に文法を理解したら出来るだけ多くの例文に触れ、典型的なものを暗記してしまうことが大切だと考え、1ページに1つの文法内容とそれに関連した例文をまとめました。
　学習者の方々には、文法を1からスタートしたい、文法のある部分を確認したい、あるいは個々の文法を例文と共に再度整理したい等、様々な動機があるでしょう。
　また学習にかける時間もまとめてとることが出来る方ばかりとは限らず、短時間で文法と会話をつかむことも1つの学習方法だと思います。
　このような観点から本書では次の点に特色を持たせました。

＊スペイン語の文法を初歩から接続法を使った条件文まで段階を追いながら150の内容に区分しました。

＊各ページ毎に暗記用例文を設けました。No.1からNo.150までの例文を繋げると基礎文法を一貫して学習したことになります。

＊ページ毎の独立した内容になっていますので確認したい事項のページを断片的に学習できます。

＊暗記例文は実践会話で使えるように同じページ内で簡潔な対話文に用いました。

＊＜関連語句＞のコーナーを設けました。これで本文で扱った単語以外に400語余の関連語句が覚えられます。

　本書の作成にあたり校閲を依頼しました瓜谷アウロラ先生をはじめ神田外語大学の先生方にも貴重なご意見を賜り、また大学書林の佐藤歩武氏に適切な助言を頂きましたことに心から感謝致します。

　　　　　　　　　　　　　　　　　　　　　　　　　　著者

目次

文法用語	No.	文法内容
		アルファベット／ 発音／ アクセントの位置／ 名詞の性・数／ 数字
日常基本表現	1	日々のあいさつ
	2	「ありがとう」
	3	「すみません」
	4	「さようなら」
	5	「私の名前は〜です。はじめましてよろしく。」
冠詞	6	不定冠詞
	7	定冠詞
ser直説法現在	8	主格人称代名詞　　ser 動詞活用形
	9	疑問文と答え方
	10	主語が3人称　　usted の使い方
	11	出身　「ser + de + 地名」
	12	品物の産地（〜産、〜製）
	13	時刻の表現
	14	曜日
	15	誕生日の聞き方、答え方

例文		頁
		1～6
¡Hola! Buenos días. ¿Qué tal?		8
Gracias.	＜関連語句＞敬称	9
Perdón.		10
Adiós. Hasta luego.	＜関連語句＞学校	11
Me llamo Ken Tanaka. Mucho gusto.		12
Un café, por favor.		13
La llave, por favor.	＜関連語句＞住居	14
Soy Ichiro.		15
¿Eres estudiante? Sí. No.	＜関連語句＞職業	16
Ella es María.	＜関連語句＞職業	17
Soy de Japón.	＜関連語句＞国名	18
¿De dónde es el coche?	＜関連語句＞住居	19
¿Qué hora es?		20
¿Qué día de la semana es hoy?	＜関連語句＞曜日	21
¿Cuándo es tu cumpleaños?	＜関連語句＞月名「ハッピーバースデイ」の歌詞	22

目次

文法用語	No.	文法内容
形容詞	16	「ser + de + 所有者 / 物の材質」
	17	語尾が -o, -or, -án で終わる形容詞
	18	語尾が -o 以外で終わる形容詞
	19	国籍、地名の形容詞
	20	人、物の特徴を聞く、答える
	21	色を表す形容詞
所有形容詞	22	前置形　　「私の、君の、彼の、他」
	23	後置形　　「〜の、〜のもの」
指示形容詞	24	「この、その、あの」
指示代名詞	25	「これは、それは、あれは」
指示代名詞中性	26	「これ、それ、あれ」及び抽象的事柄
estar直説法現在	27	estar 動詞活用形　　所在の表現
	28	場所を聞く　　物の位置関係
	29	体の様態
	30	物の状態

例　　文		頁
El pañuelo es de Alicia.	＜関連語句＞生活品	23
Mario es guapo.	＜関連語句＞形容詞	24
El examen es difícil.	＜関連語句＞形容詞	25
Soy japonés.		26
¿Cómo es Fernando?		27
¿De qué color es tu móvil?	＜関連語句＞形容詞	28
José es mi profesor.		29
Es mío.		30
¿Cuánto es este diccionario?	＜関連語句＞文房具	31
¿Es este tu libro?	＜関連語句＞家族	32
¿Qué es esto?		33
Estoy en casa.	＜関連語句＞建物	34
¿Dónde está el servicio?	＜関連語句＞位置・方位	35
Estoy cansado.	＜関連語句＞形容詞	36
Este reloj está roto.		37

目次

文法用語	No.	文法内容
動詞haber（hay） 直説法現在規則動詞	31	estar 動詞を使う日付の表現
	32	不特定なものの存在
	33	estudiar, escuchar, usar　1人称単数形
	34	tomar, hablar, ayudar　2人称単数形
	35	trabajar, visitar　usted を使う
	36	comprar, cantar, descansar, llegar　3単数
	37	celebrar, limpiar, invitar, regalar　1複数
	38	viajar, cocinar, necesitar　2複数
	39	cenar, pasear, llevar, buscar, mandar, navegar　3複数　ustedes
	40	comer, beber　1・2単数
	41	leer, correr, comprender　1・2・3単数
	42	aprender, recoger, vender　1・2・3複数
	43	vivir, abrir　1・2・3単数
	44	escribir, recibir　1・2単数
	45	subir, asistir, repartir　1・2・3複数

例　文		頁
¿A cuántos estamos hoy?	＜関連語句＞祝日	38
¿Hay un restaurante cerca de aquí?		39
Estudio español.		40
¿Qué tomas en el desayuno?	＜関連語句＞食事	41
¿Dónde trabaja usted?	＜関連語句＞食事	42
Ella compra pan y leche.	＜関連語句＞食事	43
Hoy celebramos el cumpleaños.	＜関連語句＞住居	44
¿Viajáis a menudo?	＜関連語句＞食事	45
¿Dónde cenan ustedes hoy?		46
Como a las doce y media.	＜関連語句＞食事	47
¿Lees el periódico?	＜関連語句＞副詞	48
Aprendemos inglés y español.	＜関連語句＞食事	49
¿Dónde vives?		50
¿Escribes cartas?	＜関連語句＞コンピューター	51
Subimos en el ascensor.	＜関連語句＞建物	52

目次

文法用語	No.	文法内容
直接目的格人称代名詞	46	直接目的格　「私を」、他
	47	直接目的格　「君を」、他
間接目的格人称代名詞	48	間接目的格　「私に」、他
	49	間接目的格＋直接目的格
不規則動詞 （1人称単数のみ）	50	hacer, poner
	51	hacer　　天候の表現
	52	salir, traer
	53	saber ＋情報、saber ＋原形
	54	conocer a ＋人、conocer ＋場所
	55	dar ＋人＋物
	56	ver a ＋人
語幹母音変化動詞	57	e → ie　　querer　「～が欲しい」
	58	querer ＋原形　「～したい」
	59	「～してくれますか」　付加疑問文
	60	o → ue　　poder ＋原形　「～できる」

例　文		頁
¿Me ayudas?		53
Te espero en la estación.	＜関連語句＞病気	54
¿Me dejas tu bolígrafo?		55
Se lo llevo.		56
Hago deporte.		57
¿Qué tiempo hace hoy?	＜関連語句＞天気	58
Salgo de casa a las ocho.	＜関連語句＞交通	59
Sé conducir.		60
¿Conoces Córdoba?		61
Te doy este libro.		62
Veo a Carmen todos los días.		63
Quiero café.		64
Quiero comer paella.		65
¿Quieres abrir la ventana?		66
Hoy no puedo trabajar.		67

目次

文法用語	No.	文法内容
その他不規則動詞	61	「～してもよいですか」「～してくれますか」
	62	e → ie, o → ue と同類の7動詞
	63	e → i　　pedir, servir, repetir
	64	u → ue　　jugar
	65	tener　　何人兄弟　　年齢
	66	「お腹がすいた、眠い、他」
	67	tener que + 原形　　「～せねばならない」
	68	venir
	69	oír
	70	ir
	71	「～するつもり / だろう」「～しましょう」
疑問詞	72	qué, quién, cuánto, cómo
	73	cuándo, dónde, cuál, por qué
感嘆文	74	¡Qué + 名詞（形容詞 / 副詞）!、他
不定語・否定語	75	algo, nada, nunca, alguien, nadie

例文		頁
¿Puedo poner la tele?		68
¿Cuánto cuesta?		69
Pido un pastel.		70
¿Juegas al fútbol?	＜関連語句＞ スポーツ	71
Tengo un hermano.		72
Tengo hambre.	＜関連語句＞身体	73
Tengo que salir.		74
Vengo a las nueve.		75
No le oigo.		76
¿A dónde vas?	＜関連語句＞交通	77
Vamos a visitar Toledo.		78
¿Cómo va a su oficina?		79
¿Por qué quieres ir a Perú?		80
¡Qué lástima!		81
¿Me espera alguien?		82

目次

文法用語	No.	文法内容
前置詞	76	alguno, ninguno
	77	en, a, de, desde, hasta
	78	por, para, sobre, bajo, con
	79	durante, contra, hacia, según, entre
前置詞格人称代名詞	80	前置詞＋人称代名詞
gustar 型動詞	81	間接目的格人称代名詞 ＋ gustar ＋ 主語
	82	interesar
	83	pasar, doler, parecer
再帰動詞	84	～自身を～する
	85	～自身に～する（目的語が体の1部）
	86	～自身に～する（目的語が衣類）
	87	その他の用法
無人称	88	se ＋ 3人称単数形動詞
	89	3人称複数形を用いた表現
比較級	90	優等、劣等比較

例　　文		頁
¿Tenéis alguna pregunta?		83
Trabajo hasta las diez.		84
Gracias por invitarme.		85
Es popular entre los jóvenes.		86
Voy contigo.		87
Me gusta el fútbol.		88
Me interesa la cocina.		89
¿Te pasa algo?		90
Ella se llama Leticia.		91
¿Cuándo te cortas el pelo?		92
¿Nos ponemos el abrigo?		93
¿Ya te vas?		94
¿Cómo se va al aeropuerto?	＜関連語句＞衣類	95
Te llaman por teléfono.		96
¿Cuál es más barato?		97

目次

文法用語	No.	文法内容
	91	不規則な比較級
	92	同等比較級
最上級	93	最上級　絶対最上級
現在分詞	94	現在分詞の作り方　進行形
過去分詞	95	過去分詞の作り方　形容詞的用法
受動文	96	ser（estar）＋ 他動詞の過去分詞
	97	se ＋ 他動詞の３人称
分詞構文	98	現在分詞、過去分詞を用いて
直説法現在完了	99	完了　継続　経験
直説法点過去	100	-ar 動詞規則活用
	101	-er, -ir 動詞規則活用
	102	スペルに注意
点過去不規則動詞	103	-u- が出る ／estar, tener, poder, poner, saber
	104	-i- が出る ／venir, querer, hacer,
	105	-j- が出る ／traer, conducir, traducir, decir

例　　文	頁
Estoy mejor.	98
Estudio tanto como tú.	99
¡Riquísima!	100
¿Qué estás haciendo?	101
Está hecho en Japón.	102
La comida está preparada.	103
¿Cuándo se celebra la Olimpiada?	104
Hablando del rey de Roma, ...	105
¿Ya has comido?	106
Compré un bolso.	107
¿Qué comiste?	108
Pagué con la tarjeta.	109
¿Dónde estuviste ayer?	110
¿Cuándo vino Jaime?	111
¿Trajiste los documentos?	112

目次

文法用語	No.	文法内容
直説法線過去	106	3人称の　e→i になる
	107	3人称の　o→u になる
	108	その他の不規則変化動詞　dar
	109	ir, ser
	110	規則活用　不規則活用
	111	過去の継続中の事柄　反復された事柄
	112	時制の一致　婉曲表現
	113	点過去と線過去
直説法過去完了	114	過去のある時点より以前に完了した事柄
	115	過去のある時点までの経験
直説法未来	116	未来の行為、状態
	117	現在の推量　命令
直説法未来完了	118	未来における行為の完了
	119	現在完了の推量
直説法過去未来	120	過去から見た未来

例　　文		頁
¿Qué pidió Paco?		113
¿Durmió usted bien?	＜関連語句＞ 過去を表す用語	114
Me dio una gran alegría.	＜関連語句＞序数	115
Fuimos al concierto.		116
¿Dónde me esperabas?		117
Veía películas.		118
Pensaba que trabajabas.		119
Quería verte pero no pude.		120
Cuando llegué, el tren había salido.		121
Ella dijo que había estado en Kioto.		122
Hará mucho calor.		123
¿Estará él en su despacho?		124
Habrá vuelto para el lunes.		125
Habrán regresado a casa.		126
Pedro me dijo que iría a México.		127

目次

文法用語	No.	文法内容
直説法過去未来完了	121	過去の推量
	122	婉曲表現
	123	過去から見た未来の時点での完了
	124	過去の時点で完了した事柄の推量
知覚動詞	125	知覚動詞 ＋不定詞 / 現在分詞
使役・放任動詞	126	使役動詞 / 放任動詞 ＋原形
関係詞	127	関係代名詞
	128	関係副詞　関係形容詞　quien の独立用法
	129	el+que, 前置詞 +el+que, lo+que
継続の表現	130	hace ～ que ～, desde hace, hacía ～ que ～
接続法現在	131	名詞節　願望
	132	否定　疑惑
	133	感情
	134	可能性　必要　重要
	135	忠告　許可　要求

例　　文	頁
¿Quién sería?	128
¿Podría sacarme una foto?	129
Dijo que la reunión habría acabado antes de las ocho.	130
Pensé que él ya habría llegado.	131
¿Has visto bailar a Yuka?	132
Ellos no la dejan vivir sola.	133
¿Conoces al niño que cantó bien en el concierto?	134
Quien estudia más, comprende mejor.	135
No entiendo lo que quieren hacer.	136
Hace una hora que la espero.	137
Quiero que estudies más.	138
No creo que llegues a tiempo.	139
Me alegro de que puedas venir.	140
Es posible que nieve mañana.	141
Te exijo que prepares la lección.	142

目次

文法用語	No.	文法内容
	136	副詞節　目的
	137	時
	138	譲歩
	139	条件　否定
	140	形容詞節　不特定　否定
接続法現在完了	141	接続法の中での現在・未来完了
接続法独立文	142	願望　疑惑、他
命令文	143	肯定命令
	144	否定命令
	145	命令形と代名詞
接続法過去	146	接続法の中での過去の事柄、時制の一致
接続法過去完了	147	接続法の中での過去完了
条件文	148	単なる仮定、現実の事実に反する仮定
	149	過去の事実に反する仮定
譲歩 / 仮定	150	aunque の構文

例　　文	頁
Te dejo mi cámara para que la uses.	143
Cuando llegues a Japón, ¿me llamas?	144
Por mucho frío que haga, saldré.	145
En caso de que venga, se lo diré.	146
Busco una casa que tenga garaje.	147
Te avisaré cuando haya llegado.	148
¡Ojalá haga buen tiempo!	149
Cierra la puerta.	150
No salgas de noche.	151
Enséñamelas.	152
Sentí que estuvieras enfermo.	153
No sabía que ella se hubiera mudado.	154
Si yo tuviera dinero, viajaría.	155
Si yo hubiera estudiado más, habría sacado mejor nota.	156
Aunque el coche hubiera sido barato, yo no lo habría comprado.	157

アルファベット

CD 2

A	a	(a)	Ñ	ñ	(eñe)
B	b	(be)	O	o	(o)
C	c	(ce)	P	p	(pe)
D	d	(de)	Q	q	(cu)
E	e	(e)	R	r	(ere)
F	f	(efe)	S	s	(ese)
G	g	(ge)	T	t	(te)
H	h	(hache)	U	u	(u)
I	i	(i)	V	v	(uve)
J	j	(jota)	W	w	(uve doble)
K	k	(ka)	X	x	(equis)
L	l	(ele)	Y	y	(ye)
M	m	(eme)	Z	z	(zeta)
N	n	(ene)			

発　　音

(CD) 3

スペイン語の発音はローマ字式に読めることから日本人には親しみやすく、比較的早く会話が出来るようになります。スペイン語独自のスペルや発音がいくつかありますのでそれに注意しましょう。

1．母音

強母音　a, e, o：amigo 友人　　España スペイン　　ojo 目
弱母音　i, u：　idea 考え　　universidad 大学
　　　　　　　（uは唇を丸めて突き出ししっかり音を出す）

2．子音

b	バ行	banco 銀行	boca 口	libro 本
c	カ行	casa 家	cosa 物	crema クリーム
	セ・シ	cena 夕食		cine 映画館
	チャ行	chico 青少年		coche 車
d	ダ行	dinero 金		padre 父
f	ファ行	familia 家族	foto 写真	flor 花
g	ガ行	gato 猫		gracias ありがとう
	ゲ・ギ	juguete おもちゃ		guitarra ギター
	ヘ・ヒ	gente 人々		página ページ

		bilingüe 2言語の（人）	pingüino ペンギン
h	無音	hermano 兄弟	ahora 今
j	ハ行	Japón 日本	reloj 時計
k	外来語	kilo キログラム	Tokio 東京
l	ラ行	leche 牛乳	hotel ホテル
	ジャ(ヤ)行	llave 鍵	calle 通り
m	マ行	madre 母	alumno 生徒
n	ナ行	luna 月	canción 歌
ñ	ニャ行	niño 子供	mañana 明日
p	パ行	pan パン	pollo 鶏
q	ケ・キ	queso チーズ	quiosco キオスク
r	ラ行	cara 顔	carta 手紙
	（巻き舌）	río 川 torre 塔	arroz 米
s	サ行	mesa テーブル	historia 歴史
t	タ行	tomate トマト	triste 悲しい
		（発音注意： ti ティ　tu トゥ）	
v	バ行	vaca 雌牛	viaje 旅行
w	外来語	whisky ウィスキー　Loewe ロエベ（固有名詞）	
x	（ク）サ行	examen 試験	taxi タクシー
	ス	extranjero 外国	excursión 遠足
	ハ行	México メキシコ	Texas テキサス
y	ジャ(ヤ)行	ya すでに	hoy 今日
z	サ行	zapato 靴	voz 声

アクセントの位置

アクセントがある音節はそこを強く（または少し伸ばすように）発音する。

1．母音、＜n＞、＜s＞で終わる・・・最後から２番目の音節
          a-**mi**-go   e-**xa**-men   **mar**-tes

2．子音（n, s 以外）で終わる単語・・・最後の音節
          pro-fe-**sor**   u-ni-ver-si-**dad**   ho-**tel**

3．アクセントマークのある所を強く発音
          ca-**fé**   Ja-**pón**   **mú**-si-ca

音節の分け方の注意

1．母音／子音・母音　　　　　ca-sa
2．母音・子音／子音・母音　　ven-ta-na
3．母音・子音・子音／子音　　ins-tan-te

二重母音 ai/ia, ei/ie, oi/io, au/ua, eu/ue, ou/uo, iu/ui
三重母音　iai, iei, uai, uei は１つの母音とみなす。

同様に二重子音 br, bl, cr, cl, dr, fr, fl, gr, gl, pr, pl, tr
は１つの子音とみなす。

    via-je   ciu-dad   es-tu-diáis   ham-bre

名詞の性・数

名詞は文法上、男性形と女性形に区別されます。

名詞の性

1. 語尾の特徴

男性形 ： o で終わる　　libro　periódico　dinero　vino
女性形 ： a, ión, dad で終わる
　　　　　　　　　　　casa　estación　universidad

2. 人間など自然の性があるものはその性別が文法上の性と一致

男性形　padre　hombre　profesor　estudiante
女性形　madre　mujer　　profesora　estudiante

3. 注意

男性形　día　　idioma　　　mapa　　problema
女性形　mano　foto(fotografía)　　moto(motocicleta)

複数形の作り方

1. 母音で終わる語　　　＋s
2. 子音で終わる語　　　＋es
3. Sで終わる語（アクセントが最後の音節にない場合）
　　　　　　　　　　単複同形
4. Zで終わる語　　　　z → ces

数　　字

0	cero	31	treinta y uno
1	uno	40	cuarenta
2	dos	50	cincuenta
3	tres	60	sesenta
4	cuatro	70	setenta
5	cinco	80	ochenta
6	seis	90	noventa
7	siete	100	cien
8	ocho	101	ciento uno
9	nueve	200	doscientos
10	diez	300	trescientos
11	once	400	cuatrocientos
12	doce	500	quinientos
13	trece	600	seiscientos
14	catorce	700	setecientos
15	quince	800	ochocientos
16	dieciséis	900	novecientos
17	diecisiete	1.000	mil
18	dieciocho	1.001	mil uno
19	diecinueve	2.000	dos mil
20	veinte	10.000	diez mil
21	veintiuno	100.000	cien mil
30	treinta	1.000.000	un millón

上記は言い方が変わる箇所のみを明記し、数字の間隔が開いている所は同じパターンで続き３桁ごとにピリオドを打ちます。

１は男性名詞の前でun、女性名詞の前ではunaとなり（No.6参照）、200〜900は女性名詞の前で性変化します。
（例）　231（doscientas treinta y una）chicas

サラマンカ　プラサ・マヨール

No.1 日常基本表現

¡Hola!
オラ
やあ。

最も簡単で頻繁にかわされる挨拶の表現です。Hは発音せず「オラ」と読みます。友人や知り合いと出会った時、またお店やホテルの従業員の人にも使えます。

¡Hola! Pedro.	やあ、ペドロ。
¡Hola! Buenos días.	やあ、おはよう。

一日の挨拶

Buenos días.	おはよう（昼食の前まで）。
Buenas tardes.	こんにちは（暗くなるまで）。
Buenas noches.	こんばんは、おやすみなさい。

スペインでは昼食は午後2時と遅くそれまでは Buenos días と言います。

会話　CD 4

A: ¡Hola! ¿Qué tal?	やあ、調子はどう？
B: Bien, gracias. ¿Y tú?	元気、有り難う。君は？
A: Muy bien, gracias.	とても元気、有り難う。

No.2 日常基本表現

Gracias.
グラシアス
ありがとう。

「ありがとう」

gracias よりさらに丁寧に表したければ Muchas gracias や Muchísimas gracias と言います。

Gracias por tu ayuda.	手伝ってくれて有り難う。
Gracias por esperarme.	待っていてくれて有り難う。
Muchas gracias por su visita.	来て頂きどうも有り難うございます。

会話　CD 4

1. A: Gracias. — ありがとう。
   B: De nada. — どういたしまして。

2. A: Gracias por su regalo. — プレゼントを有り難うございます。
   B: A usted, señora. — こちらこそ。

<関連語句>

señor(Sr.)　男性（敬称）　　　señora(Sra.)　女性（敬称）
señorita(Srta.)　成人前の女性（敬称）

No.3　日常基本表現

Perdón.
ペルドン
すみません。

「すみません」

Perdón.　　　　　　　　　　ごめんなさい。

Perdón por la tardanza.　　遅れてごめんなさい。

Perdón, ¿la estación?　　　すみません、駅はどこですか。

人の前を通る時や部屋から退室する時　Con permiso と言います。

Con permiso, Sr. Torres.　トーレスさん、失礼します。

「すみません」や「あのー」と人に呼びかけるには　Oiga や Oye もよく使われます。Oiga は丁寧な呼びかけで、「ねえ」など友人や親しい間では Oye と言います。

Oiga, ¿la parada de taxis?
すみません。タクシー乗り場はどこですか。

会話　CD 5

A: Perdón.　　　　　すみません。

B: No es nada.　　　大丈夫ですよ。

No.4 日常基本表現

> # Adiós.
> アディオス
> さようなら。

別れの挨拶

Hasta luego.	また後で。
Hasta pronto.	またすぐに。
Hasta mañana.	また明日。
Hasta la vista.	また会う日まで。
Hasta el lunes.	また月曜日に。

「〜曜日まで」という時、曜日の前に冠詞 el を付けます。
（曜日は No.14 参照）

会話　CD 5

A: Hasta luego, María.　　マリア、また後で。

B: Adiós.　　さようなら。

<関連語句>

universidad	大学	colegio	学校
clase	授業・教室	lección	課
examen	試験	nota	成績
estudio	勉強	biblioteca	図書館
libro	本	cuaderno	ノート

No.5　日常基本表現

Me llamo Ken Tanaka.

メ　ジャモ　ケン　タナカ
私は田中ケンです。

自己紹介「私は〜と申します。」

相手の名前を聞く場合は次のようになります。

親しい間柄
　　¿Cómo te llamas?　　君の名前は何ですか。

ていねいな言い方
　　¿Cómo se llama (usted)?　あなたの名前は何ですか。

会話　　CD 6

A: **Me llamo José Martínez. Encantado.**
　　私はホセ・マルティネスといいます。はじめましてよろしく。

　　¿Cómo te llamas?
　　君の名前は何ですか。

B: **Me llamo Ken Tanaka. Mucho gusto.**
　　田中ケンといいます。はじめましてよろしく。

Encantado も Mucho gusto も「はじめましてよろしく」という意味ですが Encantado は男性が使い、女性の場合には語尾の -o が -a になり Encantada となります。
Mucho gusto は男性でも女性でも同じ形です。

No.6 冠詞 - 1

Un café, por favor.
ウン　カフェ　ポル　ファボル
コーヒーを一杯お願いします。

不定冠詞

不定冠詞は名詞の前に付き「ある〜」、「1つの〜」の意味になります。話の中で始めて出てくる名詞や聞き手がどれを指しているかまだ分からない名詞に付けます。複数形は「いくつかの」という意味になります。修飾する名詞の性数に一致させます。

	男性形	女性形
単数	un	una
複数	unos	unas

un amigo　　　　　　　unos amigos
una amiga　　　　　　 unas amigas

unos/unas +「数」　　「約〜の」
unos veinte coches　　約20台の車

会話　　CD 6

A: Un café y una tostada, por favor.
コーヒーとトーストをお願いします。

B: Sí, señorita.
はい、かしこまりました。

No.7 冠詞 - 2

La llave, por favor.

ラ　ジャベ　ポル　ファボル
鍵をお願いします。

定冠詞

会話している相手同士がすでに分かっている事柄の名詞につけます。「その」という意味で使われます。複数形は「それらの」という意味になります。修飾する名詞の性数に一致させます。

	男性形	女性形
単数	el	la
複数	los	las

el tren para Sevilla　　　　セビジャ行きの電車
la capital de Japón　　　　日本の首都
los libros de la biblioteca　図書館の本
las noticias de hoy　　　　今日のニュース

会話　CD 7

A: La llave de la habitación 215, por favor.
　　215号室の鍵をお願いします。

B: Sí, señor.
　　はい、かしこまりました。

＜関連語句＞
puerta　ドア　　　　　ventana　窓
portral　玄関　　　　　pasillo　廊下

No.8   ser 直説法現在 - 1

Soy Ichiro.

ソイ イチロ

私は一郎です。

ここからスペイン語の動詞を勉強します。スペイン語の動詞の特徴は主語の人称に合わせた変化（活用形）があるということです。次の人称が基になります。

1. 主格人称代名詞

yo	私は	nosotros(as)	私たちは
tú	君は	vosotros(as)	君たちは
usted	あなたは	ustedes	あなた方は
él	彼は	ellos	彼らは
ella	彼女は	ellas	彼女らは

2. ser 動詞活用形　「～である」

yo	soy	nosotros(as)	somos
tú	eres	vosotros(as)	sois
usted		ustedes	
él	es	ellos	son
ella		ellas	

主語が分かる場合はしばしば省略されます。

会 話　　CD 7

A: Yo soy Carmen. ¿Y tú?　私はカルメンです。君は？

B: Soy Ichiro. Mucho gusto.　一郎です。よろしく。

15

No.9　ser 直説法現在 - 2

¿Eres estudiante?
エレス　エストゥディアンテ
君は学生ですか。

友達や家族など親しい間柄で相手をさす「君は（が）」は tú でそれに対応する ser 動詞の活用形は eres です。

疑問文と答え方

会話　CD 8

1. A: ¿Eres estudiante?　　　　君は学生ですか。

   B: Sí, soy estudiante.　　　　はい学生です。
   (No, no soy estudiante.)　　いいえ、ちがいます。

主語が複数形の時

2. A: ¿Sois profesores?　　　　君たちは先生ですか。

   B: No, somos estudiantes.　いいえ、私達は学生です。

<関連語句>

estudiante　学生	profesor(ra)　教師、先生
alumno(a)　生徒	presidente(a)　社長、大統領
director(ra)　～長	gerente　支配人
médico(a)　医師	enfermero(a)　看護師
dependiente(ta)　店員	empleado(a)　従業員

No.10　　ser 直説法現在 - 3

Ella es María.
エジャ　エス　マリア
彼女はマリアです。

1. 主語が3人称

会話　　CD 8

A: ¿Quién es ella?
彼女は誰ですか。

B: Es María, bailaora de flamenco.
フラメンコの踊り手、マリアです。

2. usted の使い方
usted と ustedes は自分と話している相手ですが、初対面の人や敬意を含んだ言い方として使われ、動詞は必ず3人称の形を使います。

会話　　CD 8

A: ¿Es usted el Sr. García?
あなたはガルシアさんでいらっしゃいますか。

B: Sí, soy yo.
はい、そうです。

<関連語句>
artista　芸術家	músico(a)　音楽家
pianista　ピアニスト	guitarrista　ギタリスト
cantante　歌手	cantaor(ra)　フラメンコの歌手
actor/actriz　俳優	pintor(ra)　画家
escritor(ra)　作家	intérprete　通訳

No.11　ser 直説法現在 - 4

Soy de Japón.
ソイ　デ　ハポン
私は日本出身です。

出身地　　ser 動詞＋ de ＋地名

会話　CD 9

1. A: ¿De dónde eres?　　　　君はどこの出身ですか。

   B: Soy de Japón.　　　　　日本出身です。

2. A: ¿De dónde son ellos?　　彼らはどこの出身ですか。

   B: Son de México.　　　　　メキシコ出身です。

＜関連語句＞

España　スペイン	México　メキシコ
Guatemala　グアテマラ	Costa Rica　コスタリカ
Panamá　パナマ	Cuba　キューバ
Venezuela　ベネズエラ	Colombia　コロンビア
Ecuador　エクアドル	Perú　ペルー
Bolivia　ボリビア	Paraguay　パラグアイ
Chile　チリ	Uruguay　ウルグアイ
Argentina　アルゼンチン	Brasil　ブラジル
Inglaterra　イギリス	Francia　フランス
Portugal　ポルトガル	Italia　イタリア
Alemania　ドイツ	Rusia　ロシア

Estados Unidos de América (EE.UU.)　アメリカ合衆国
Corea del Sur　韓国　　　　　Corea del Norte　北朝鮮
China　中国

No.12　ser 直説法現在 - 5

¿De dónde es el coche?
デ　ドンデ　エス　エル　コチェ
この車はどこで作られたのですか。

品物の生産・製造地　　ser 動詞＋ de ＋地名

会 話　CD 9

1. A: ¿De dónde es el coche?
   この車はどこのものですか。

   B: Es de EE.UU.
   アメリカ製です。

2. A: ¿De dónde son los muebles?
   これらの家具はどこで作られたのですか。

   B: Son de Finlandia.
   フィンランド産です。

＜関連語句＞

silla　椅子
sofá　ソファー
mesa　テーブル
espejo　鏡
cama　ベッド
sábana　シーツ
zapatilla(s)　スリッパ

sillón　肘掛椅子
armario　たんす
escritorio　机
lámpara　ランプ
almohada　枕
manta　毛布
cortina　カーテン

19

No.13　ser 直説法現在 - 6

¿Qué hora es?
ケ　オラ　エス
何時ですか。

時刻の表現

「今〜時です。」と時刻を表す場合定冠詞の女性形が使われます。これは「〜時」を意味する hora が女性形のためですが、実際の表現にはこの言葉は省略されます。1時台は ser 動詞単数形の es、2時以降には複数形 son を使います。

Es la una y cinco.	1時5分です。
Son las dos y veinte.	2時20分です。
Son las tres y cuarto.	3時15分です。
Son las cuatro y media.	4時半です。
Son las seis menos cuarto.	5時45分です。
Son las siete menos cinco.	6時55分です。
Son las diez de la mañana.	朝の10時です。
Son las once de la noche.	夜の11時です。

会話　CD 10

A: ¿Qué hora es?　　　何時ですか。
　　（中南米では ¿Qué horas son? と言う所もある。）

B: Son las ocho en punto.　8時ちょうどです。

No.14　ser 直説法現在 - 7

¿Qué día de la semana es hoy?
ケ ディア デ ラ セマナ エス オイ
今日は何曜日ですか。

1. 曜日の表現

曜日を尋ねている状況だと分かれば de la semana をぬかすこともあります。

会 話　CD 10

A: ¿Qué día es hoy?　　何曜日ですか。

B: Hoy es miércoles.　　水曜日です。

2. 〜は〜曜日にあります。

El examen es el jueves.
試験は木曜日です。

El partido de fútbol es el domingo.
サッカーの試合は日曜日です。

＜関連語句＞

lunes　月曜日　　　　martes　火曜日
miércoles　水曜日　　jueves　木曜日
viernes　金曜日　　　sábado　土曜日
domingo　日曜日

No.15　ser 直説法現在 - 8

¿Cuándo es tu cumpleaños?
クアンド　エス　トゥ　クンプレアニョス
君の誕生日はいつですか。

誕生日の表現

お誕生日を聞く表現は ¿Qué día es tu cumpleaños? とも言います。答え方は「Es el 日にち＋ de ＋月名」となります。

会話　CD 11

A: ¿Cuándo es tu cumpleaños?
　 お誕生日はいつですか。

B: Es el 30(treinta) de agosto.
　 8月30日です。

<関連語句>

enero　1月	febrero　2月
marzo　3月	abril　4月
mayo　5月	junio　6月
julio　7月	agosto　8月
septiembre　9月	octubre　10月
noviembre　11月	diciembre　12月
día　日	semana　週
mes　月	año　年
siglo　世紀	

＊ハッピーバースデイの歌＊
Cumpleaños feliz, cumpleaños feliz
Te deseamos todos
Cumpleaños feliz.

No.16　ser 直説法現在 - 9

El pañuelo es de Alicia.

エル　パニュエロ　エス　デ　アリシア
そのスカーフはアリシアのものです。

ser ＋ de ＋ ～

1. 所有　　ser 動詞＋ de ＋所有者

2. ～製　　ser 動詞＋ de ＋材質

3. 出身・生産地　ser 動詞＋ de ＋地名

No. 11, 12 参照

会話　　CD 11

A: ¿De quién es este pañuelo?
　　このスカーフは誰のですか。

B: Es de Alicia.
　　アリシアのです。

A: ¿De qué es?
　　何でできていますか。

B: Es de seda.
　　絹です。

A: ¿De dónde es?
　　どこのものですか。

B: Es de Italia.
　　イタリアのものです。

＜関連語句＞

cartera　財布
gafas　メガネ
pasaporte　パスポート
billete　紙幣

bolso　ハンドバック
tarjeta de crédito　クレジットカード
dinero　金
moneda　硬貨

No.17 形容詞 - 1

Mario es guapo.
マリオ　エス　グアポ
マリオはハンサムです。

形容詞は修飾する名詞の性と数に一致させます。

1. 語尾が -o で終わる形容詞

	単数	複数
男性	guapo	guapos
女性	guapa	guapas

una casa bonita　　　　　　　　　1件の可愛い家
unos coches caros（baratos）　数台の高価（安価）な車

2. -or、-án、で終わるものは -a を追加

trabajador(a)　trabajadores-trabajadoras　勤勉な
holgazán-holgazana　holgazanes(nas)　怠け者の

会話　CD 12

A: Mario es guapo y alto. ¿Y Pepa?
マリオはハンサムで背が高い。ペパは？

B: También es guapa, pero baja.
彼女も美人ですが背は低いです。

<関連語句>
nuevo　新しい　　　　viejo　古い / 年をとった
joven　若い　　　　　grande　大きい
pequeño　小さい　　　gordo　太った
delgado　やせた　　　largo　長い
corto　短い

No.18 形容詞 - 2

El examen es difícil.
エル　エクサメン　エス　ディフィシル
その試験は難しいです。

語尾が -o 以外で終わる形容詞

語尾が -o 以外で終わる形容詞は男性形と女性形が共通です。

	単数	複数
男性・女性	fácil	fáciles

una noticia importante　　　重要なニュース

El artículo es interesante.　その記事は興味深い。

Ellos son alegres.　　　　　彼らは陽気だ。

¡Feliz cumpleaños!　　　　　誕生日おめでとう。

¡Felices vacaciones!　　　　良い休暇を。

会話　CD 12

A: ¿Es difícil el examen?　　試験は難しいですか。

B: No. Es fácil.　　　　　　いいえ、簡単です。

＜関連語句＞
agradable　快い
amable　親切な
pobre　貧しい
elegante　優雅な

posible　可能な
horrible　恐ろしい
inteligente　利口な

No.19 形容詞 - 3

Soy japonés.
ソイ　ハポネス
私は日本人です。

地名の形容詞　　　性数変化します。

国名	形容詞男性	形容詞女性
日本	Japón	japonés	japonesa
スペイン	España	español	española
イギリス	Inglaterra	inglés	inglesa
ドイツ	Alemania	alemán	alemana
ロシア	Rusia	ruso	rusa
中国	China	chino	china
韓国	Corea	coreano	coreana
メキシコ	México	mexicano	mexicana
ペルー	Perú	peruano	peruana
アルゼンチン	Argentina	argentino	argentina

tango argentino　　　アルゼンチンタンゴ

el presidente estadounidense (de Estados Unidos de América)　　アメリカの大統領

地名形容詞は「～人」、またその男性単数形は「～語」の意味にもなります。

会話　CD 13

A: ¿De dónde eres?　　君はどこの出身ですか。

B: Soy japonés.　　日本（人）です。

No.20　形容詞 - 4

¿Cómo es Fernando?

コモ　エス　フェルナンド
フェルナンドはどんな人ですか。

¿Cómo es ～？ で人や物の特徴を尋ねることが出来ます。
形容詞の復習をかねて文章に慣れましょう。

会話　CD 13

1. A: ¿Cómo es Fernando?　　フェルナンドはどんな人ですか。

   B: Es un gran hombre.　　偉大な人です。

（grande（大きい）は男性、女性形単数名詞の前に置かれると語尾の -de が落ち gran（偉大な）となる。）

2. A: ¿Cómo son tus amigos?　　君の友達はどんなですか。

   B: Son divertidos y simpáticos.　　愉快で好感が持てます。

3. A: ¿Cómo es la lección?　　授業はどうですか。

   B: Es interesante.　　興味深いです。

4. A: ¿Cómo es tu universidad?　　君の大学はどんなですか。

   B: Es grande con muchos alumnos.
   　　　　　　　　　　　　　生徒数も多く大きいです。

（形容詞の mucho は名詞の前に置かれ性数変化は mucho, muchos, mucha, muchas となる。）

（bueno（良い）、malo（悪い）は男性名詞単数形の前に置かれると語尾の -o が落ち buen, mal となる。）
¡Buen viaje!　良い旅行を！

No.21　形容詞 - 5

¿De qué color es tu móvil?
デ　ケ　コロル　エス　トゥ　モビル
君の携帯電話は何色ですか。

色を表す形容詞

色を表す語には名詞、形容詞があります。形容詞として使われる場合は修飾する名詞に合わせ性数変化をします。

　　　Casa Blanca　　　　　　　ホワイトハウス

　　　el cabello negro　　　　　黒髪

会話　CD 14

1. A: ¿De qué color es tu móvil?
   君の携帯電話は何色ですか。

   B: Es rojo.
   赤です。

2. A: ¿De qué color son esas flores?
   それらの花は何色ですか。

   B: Son amarillas.
   黄色です。

<関連語句>

blanco　白い	marrón　茶色の
negro　黒い	gris　灰色の
azul　青い	naranja　オレンジ色の
verde　緑色の	morado　紫色の
violeta　薄紫色の	rosa　ピンク色の
beige　ベージュ色の	

No.22 所有形容詞 - 1

José es mi profesor.

ホセ エス ミ プロフェソル

ホセは私の先生です。

所有形容詞（前置形）

名詞の前に置かれ、その修飾する名詞に合わせて性数変化をします。（性変化するのは１人称及び２人称の複数形のみです。）

mi	私の	nuestro(a)	私たちの
tu	君の	vuestro(a)	君たちの
su	あなたの 彼、彼女の	su	あなた方の 彼（彼女）たちの

mis padres	私の両親
nuestros deseos	私達の願い
vuestra profesora	君たちの先生
Su firma, por favor.	あなたの署名をお願いします。
sus nietos	彼の（彼らの）孫

会話　CD 14

A: José es mi profesor.
ホセは私の先生です。

B: Ah, es profesor de español, ¿no?
ああ、スペイン語の先生でしょ？

No.23 所有形容詞 - 2

> # Es mío.
> エス ミオ
> 私のものです。

所有形容詞（後置形）

mío	私の	nuestro	私たちの
tuyo	君の	vuestro	君たちの
suyo	あなたの 彼、彼女の	suyo	あなた方の 彼（彼女）たちの

1. 名詞の後ろに置かれ、その名詞に合わせて性数変化をします。
   Jesús es un primo mío.
   ヘススは私のいとこです。
   (**María es una prima mía.** マリアは私のいとこです。)

2. Ser の補語になり性数変化をします。
   Las maletas son nuestras.
   それらのスーツケースは私達のです。

3. 定冠詞を伴い代名詞として使われます。
   Mi hermana y la tuya son amigas.
   私の姉と君の姉は友達です。

会話　CD 15

A: ¿De quién es el cuaderno?
このノートは誰のですか。

B: Es mío.
私のです。

No.24 指示形容詞

¿Cuánto es este diccionario?
クアント　エス　エステ　ディクシオナリオ
この辞書はいくらですか。

指示形容詞

指示形容詞の「この」「その」「あの」は次に来る名詞の性と数に合わせ変化します。

	単数		複数	
	男性形	女性形	男性形	女性形
この	este	esta	estos	estas
その	ese	esa	esos	esas
あの	aquel	aquella	aquellos	aquellas

esa revista　その雑誌　　aquellos días　あの日々

Esos zapatos son de piel.　あの靴は皮製です。

会話　CD 15

A: ¿Cuánto es este diccionario?
この辞書はいくらですか。

B: Son cincuenta euros.
50ユーロです。

＜関連語句＞

lápiz　鉛筆　　　　　bolígrafo　ボールペン
papel　紙　　　　　　goma　消しゴム
estantería　本棚　　　escritorio　事務机

No.25 指示代名詞

¿Es este tu libro?
エス エステ トゥ リブロ
これは君の本ですか。

指示代名詞

指示代名詞にはアクセント符号を付けていましたが、現在では省略することも可能です。

	単数		複数	
	男性形	女性形	男性形	女性形
これ	este	esta	estos	estas
それ	ese	esa	esos	esas
あれ	aquel	aquella	aquellos	aquellas

会話　CD 16

A: ¿Es este tu libro?　これは君の本ですか。

B: No, ese no es mío. Es de mi hermano.　いいえ、それは私のではありません。私の兄のです。

A: Entonces, ¿cuál es el tuyo?　では君のはどれですか。

B: El mío es aquel.　私のはあれです。

＜関連語句＞

familia　家族　　padre　父　　madre　母　　hijo(a)　息子・娘
abuelo (a)　祖父（祖母）　　nieto(a)　孫　　primo(a)　いとこ
tío(a)　おじ（おば）　　sobrino(a)　甥・姪　　matrimonio　夫婦
marido/esposo　夫　　mujer/ esposa　妻　　suegro(a)　舅（姑）
cuñado(a)　義兄（弟）・義姉（妹）　　pariente　親戚

No.26 指示代名詞中性

> ## ¿Qué es esto?
> ケ エス エスト
> これは何ですか。

指示代名詞中性

指示代名詞の中性形は esto（これ）、eso（それ）、aquello（あれ）の３種類があります。物の名前が不明の時、あるいは抽象的なものや前に述べたこと全体を指す場合に使います。

Esto es todo.	これで全てです。
¿Cuánto es esto?	これはいくらですか。
No es eso.	そうではありません。

会話　CD 16

1. A: ¿Qué es esto?　　これは何ですか。

   B: Es un juguete.　　おもちゃです。

2. A: ¿Qué es aquello?　　あれは何ですか。

   B: Parece una manifestación.　デモのようです。

No.27

estar 直説法現在 - 1

Estoy en casa.
エストイ　エン　カサ
私は家にいます。

1. estar 動詞活用形　「いる、ある、～である」

yo	estoy	nosotros(as)	estamos
tú	estás	vosotros(as)	estáis
usted él ella	está	ustedes ellos ellas	están

2. 人の所在　「～にいる」

　　Rosa está en la cocina.
　　ロサは台所にいます。

　　Silencio, estamos en clase.
　　静かに、授業中ですよ。

会 話　　CD 17

A: ¿Estás en la estación?
　　君は駅にいるんですか。

B: Ya estoy en casa.
　　もう家にいます。

＜関連語句＞
cine　映画館　　　　　　aeropuerto　空港
hotel　ホテル　　　hospital　病院　　Correos　郵便局
tienda　店　　　　　　　grandes almacenes　デパート

34

No.28　estar 直説法現在 - 2

¿Dónde está el servicio?
ドンデ　エスタ　エル　セルビシオ
お手洗いはどこですか。

物の所在　「〜にある」

La universidad está cerca de mi casa.
大学は私の家から近いです。

Hiroshima está lejos, a unos 900 kilómetros de Tokio.
広島は遠くて、東京から約 900 キロの所です。

会話　CD 17

A: ¿Dónde está el servicio?
お手洗いはどこですか。

B: Está allí.
あそこにあります。

<関連語句>

debajo de　下に	al lado de　横に
delante de　前に	detrás de　後ろに
encima de　上に	dentro de　中に
a la derecha de　右側に	a la izquierda de　左側に
en el centro de　中央に	enfrente de　正面に
este　東	oeste　西
sur　南	norte　北

35

No.29 estar 直説法現在 - 3

Estoy cansado.
エストイ　カンサド
私は疲れています。

1. 体の様態　　　estar 動詞＋副詞

    Estamos bien (mal).
    私達は元気（具合が悪い）です。

2. 体の様態　　　estar 動詞＋形容詞

   形容詞は主語の性数に一致させます。

    Pepa está ocupada con el trabajo pero está contenta.
    ペパは仕事が忙しいけれど満足しています。

    El jefe es tranquilo pero está nervioso hoy.
    上司は物静かな人だが今日は落ち着きがない。

    Ellos están resfriados.
    彼らは風邪をひいています。

会話　　CD 18

A: ¿Cómo estás?　　　調子はどう？

B: Estoy cansado.　　　疲れています。

＜関連語句＞
feliz　幸せな　　　　triste　悲しい
fuerte　強い　　　　 débil　弱い
listo　用意ができた（ser listo 利口な）

No.30　estar 直説法現在 - 4

Este reloj está roto.
エステ　レロ　エスタ　ロト
この時計はこわれています。

物の状態　　estar 動詞＋形容詞

形容詞は主語の性数に一致させます。

La mesa está limpia.
テーブルはきれいになっています。

La comida está preparada.
食事は用意されています。

La sopa está muy caliente.
スープはとても熱い。

El café ya está frío.
このコーヒーはすでに冷めている。

La plaza está llena de gente.
広場は人で一杯です。

会話　CD 18

A: Este reloj está roto.
　　この時計はこわれています。
　　¿Está abierta la relojería?
　　時計店は開いていますか。

B: No, hoy está cerrada.
　　いいえ、今日は閉まっています。

No.31 estar 直説法現在 - 5

¿A cuántos estamos hoy?
ア クアントス エスタモス オイ
今日は何月何日ですか。

日付の表現

Estamos a ＋日付（基数詞）＋ de ＋月の名前

この他に ¿Qué fecha es hoy? とも言います。

会話　CD 19

A: ¿A cuántos estamos hoy?
今日は何月何日ですか。

B: Estamos a cinco de enero.
1月5日です。

A: Mañana es el día de los Reyes. ¡Qué ilusión!
明日は三賢人の日だ。わぁ楽しみ！

Roscón de Reyes

＜関連語句＞

1 de enero	Año Nuevo　新年
6 de enero	Día de los Reyes Magos　三賢人の日
12 de octubre	Día de la Hispanidad　新大陸発見の日
	Día de la Raza　（中南米）民族の日
24 de diciembre	Nochebuena　クリスマスイブ
25 de diciembre	Navidad　クリスマス
31 de diciembre	Nochevieja　大晦日

No.32　hay（haber）動詞直説法現在

¿Hay un restaurante cerca de aquí?
アイ　ウン　レスタウランテ　セルカ　デ　アキ
この近くにレストランはありますか。

不特定なものの存在

「〜（人、物）がいる、ある」の意味で haber 動詞の３人称単数形の形で使われます。英語の There is （are）〜の構文に当たり不定の名詞が導かれます。この名詞は主語でなく目的語なので、単数でも複数でもかまいません。hay 〜は不特定なものの存在を表し、はっきり分かっているものの所在は estar 動詞で表現します。

Hay unos chicos en el parque.
公園に数人の少年がいます。

En la nevera hay bebidas.
冷蔵庫に飲み物があります。

会話　CD 19

A: ¿Hay un restaurante cerca de aquí?
ここの近くにレストランはありますか。

B: Sí, hay uno.
はい、１軒あります。

A: ¿Dónde está?
それはどこですか。

B: Está en frente de la estación.
駅の正面にあります。

No.33　直説法現在 - 1（-ar 動詞）

Estudio español.
エストゥディオ　エスパニョル
私はスペイン語を勉強しています。

スペイン語の動詞の原形は語尾が必ず -ar, -er, -ir のいずれかで終わります（原形もしくは不定詞といい辞書はこの形で引きます）。この語尾は主語の人称によって形が変化（活用）します。まず -ar 動詞の活用形からみていきましょう。

1. -ar 動詞活用形　　estudiar「勉強する」

yo	estudio	nosotros(as)	estudiamos
tú	estudias	vosotros(as)	estudiáis
usted él ella	estudia	ustedes ellos ellas	estudian

2. 1人称単数形

Escucho música en el tren.　(escuchar)
私は電車の中で音楽を聴きます。

Uso el ordenador en clase.　(usar)
私は授業でコンピューターを使います。

会話　　CD 20

A: Estudio español. ¿Y tú?
　私はスペイン語を勉強しています。君は？

B: Yo estudio chino.
　私は中国語を勉強しています。

No.34 直説法現在 - 2（-ar 動詞）

¿Qué tomas en el desayuno?
ケ　トマス　エン　エル　デサジュノ
君は朝食に何を食べますか。

2人称単数形

「君は（tú）」にあたる活用形は -ar を取り -as にします。疑問文にする時は英語の do や does に相当するものはなく活用した動詞をそのまま使います。なお疑問詞は文頭に置きます。

Hablas español muy bien.　(hablar)
君はとても上手にスペイン語を話します。

¿Ayudas a tu madre?　(ayudar)
君はお母さんの手伝いをしますか。

会 話　CD 20

A:　¿Qué tomas en el desayuno?　(tomar)
　　君は朝食に何を食べますか。

B:　Tomo yogur y cereales.
　　私はヨーグルトとシリアルを食べます。

＜関連語句＞

desayuno　朝食　　comida　昼食（中南米では almuerzo）
cena　夕食　　　　merienda　午後の軽い食事
restaurante　レストラン　　bar　バル
cafetería　喫茶店　　camarero(a)　ウェイター / ウエイトレス
menú　メニュー　　　　cuenta　勘定

41

No.35 直説法現在 - 3（-ar 動詞）

¿Dónde trabaja usted?

ドンデ　トラバハ　ウステ
あなたはどこで働いていらっしゃいますか。

usted の使い方

自分と話している相手の人が初対面の場合や接客時など丁寧な言い方をしたい時には usted(複数形 ustedes) が使われ常に動詞は 3 人称の活用形を使います。また usted は略語で Ud. あるいは Vd. と書かれることがあります。同様に複数形 ustedes は Uds. または Vds. となります。

¿Qué toma usted, carne o pescado?
肉か魚、どちらになさいますか。

¿En verano usted siempre visita Salamanca? (visitar)
あなたは夏いつもサラマンカを訪れますか。

会話　CD 21

A: ¿Dónde trabaja Vd.? (trabajar)
あなたはどこで働いていらっしゃいますか。

B: Trabajo en el ayuntamiento.
私は市役所で働いています。

<関連語句>

cerdo　豚肉	pollo　若鶏	ternera　子牛肉
cordero　子羊肉	calamar　イカ	gamba　エビ
mejillón　ムール貝	almeja　アサリ	marisco　シーフード
atún　マグロ	salmón　サケ	bacalao　タラ
sardina　イワシ	bonito　カツオ	

No.36 直説法現在 - 4（-ar 動詞）

Ella compra pan y leche.
エジャ　コンプラ　パン　イ　レチェ
彼女はパンと牛乳を買います。

3人称単数形

3人称とは自分と会話している相手以外の人や物を指します。

Teresa canta muy bien. (cantar)
テレサはとても上手に歌います。

Ernesto no descansa mucho. (descansar)
エルネストはあまり休息しない。

El tren llega a la una y veinte. (llegar)
その電車は1時20分に着きます。

会 話　CD 21

A: ¿Qué compra ella en el supermercado?
　スーパーで彼女は何を買いますか。

B: Ella compra pan y leche.
　彼女はパンと牛乳を買います。

<関連語句>

arroz　米	tapas　つまみ	jamón　ハム
chorizo　チョリソ	queso　チーズ	pastel　ケーキ
helado　アイスクリーム	yogur　ヨーグルト	flan　プリン
churros　チュロス	chocolate　チョコレート	dulce　菓子
caramelo　あめ	bocadillo　（フランスパンの）サンドイッチ	
hamburguesa　ハンバーガー	tacos　タコス	

No.37 直説法現在 - 5（-ar 動詞）

Hoy celebramos el cumpleaños.

オイ　セレブラモス　エル　クンプレアニョス
今日誕生日を祝います。

１人称複数形

「私たち」を表す主語 nosotros（男性ばかり及び男女混合）や nosotras（女性のみ）の活用形は -amos となります。主語が男性であろうと女性であろうと動詞の活用形は同じです。

　　　Limpiamos la habitación.　(limpiar)
　　　私達は部屋を掃除します。

　　　Te invitamos a la fiesta.　(invitar)
　　　私達は君をパーティに招待します。

会話　　CD 22

A: Hoy celebramos el cumpleaños de Javier.　(celebrar)
　　私達は今日ハビエルの誕生日を祝います。

B: Entonces le regalamos una cámara digital, ¿no?　(regalar)
　　それではデジタルカメラをプレゼントしましょうか。

＜関連語句＞

sala de estar　居間　　　　dormitorio　寝室
cuarto de baño　浴室　　　lavabo　洗面台
escalera　階段　　　　　　 suelo　床

No.38　直説法現在 - 6（-ar 動詞）

¿Viajáis a menudo?
ビアハイス　ア　メヌド
君達はよく旅行しますか。

2人称複数形

2人称の複数形「君たちは」は nosotros と同様に、性別により vosotros と vosotras の2通りがありますが動詞の活用形には影響はありません。なおこの vosotros(as) は親しい間柄に使います。

> ¿Qué cocináis?　(cocinar)
> 君たちは何を料理しますか。
>
> Necesitáis tomar verduras.　(necesitar)
> 君たちは野菜を食べる必要があります。

会話　CD 22

A: ¿Viajáis a menudo?　(viajar)
　　君たちはよく旅行しますか。

B: Sí, viajamos cinco veces al año.
　　はい、年に5回旅行します。

＜関連語句＞

tomate	トマト	lechuga	レタス	ajo	ニンニク
cebolla	タマネギ			patata	ジャガイモ
pimiento	ピーマン	espárrago	アスパラガス	huevo	卵
berenjena	ナス	zanahoria	ニンジン	pepino	キュウリ
calabaza	カボチャ			espinaca	ホウレンソウ
brécol	ブロッコリー			col	キャベツ
coliflor	カリフラワー			maíz	トウモロコシ
champiñón	マッシュルーム				

45

No.39 直説法現在 - 7（-ar 動詞）

¿Dónde cenan ustedes hoy?
ドンデ　セナン　ウステデス　オイ
あなた方は今日どこで夕食を食べますか。

３人称複数形

３人称複数形「彼らは、彼女たちは」に相当する人称代名詞や人名、または事物が主語になります。丁寧な言い方で使う usted の３人称複数 ustedes「あなたがた」もこの３人称複数形の活用形を使います。

> Los señores Gómez pasean(pasear) todos los días. Llevan(llevar) una vida tranquila. Sus hijos son estudiantes universitarios y buscan (buscar) trabajo. Mandan(mandar) mensajes a sus amigos y navegan(navegar) mucho por Internet.
> ゴメス夫妻は毎日散歩をします。落ち着いた生活を送っています。彼らの息子たちは大学生で仕事を探しています。インターネットで友人にメッセージを送ったりよくネットサーフィンをしています。

会話　CD 23

A: ¿Dónde cenan ustedes hoy? (cenar)
　あなた方は今日どこで夕食を食べますか。

B: Hoy cenamos fuera.
　今日は外食します。

No.40　直説法現在 - 8（-er 動詞）

Como a las doce y media.
コモ　ア　ラス　ドセ　イ　メディア
私は 12 時半に食べます。

語尾が -er で終わる規則動詞の活用形をみましょう。
1 人称単数以外に -e- が出ます。

1.　-er 動詞活用形　　comer「食べる」

yo	como	nosotros(as)	comemos
tú	comes	vosotros(as)	coméis
usted él ella	come	ustedes ellos ellas	comen

2.　1・2 人称単数形
Bebo agua mineral. (beber)
私はミネラルウォーターを飲みます。

会話　CD 23

A: ¿A qué hora comes?
　　君は何時に食事をしますか。

B: Como a las doce y media.
　　私は 12 時半に食べます。

<関連語句>
zumo/jugo　ジュース　　　refresco　清涼飲料水
té　茶　　　café　コーヒー　　leche　牛乳
vino　ワイン　　cerveza　ビール　　hielo　氷
azúcar　砂糖　　sal　塩　　pimienta　コショウ
salsa　ソース　　vinagre　酢　　aceite　油

47

No.41 直説法現在 - 9（-er 動詞）

¿Lees el periódico?
レエス　エル　ペリオディコ
君は新聞を読みますか。

1・2・3人称単数形

Ella debe trabajar mañana.
（deber の後に来る動詞は原形になります。）
彼女は明日働かねばなりません。

Paco corre 3 kilómetros diariamente. (correr)
パコは毎日３キロ走ります。

Usted comprende ruso, ¿no? (comprender)
あなたはロシア語が解るのですね。

会話　CD 24

A: ¿Lees el periódico?
　　君は新聞を読みますか。

B: Sí, lo leo todas las mañanas.
　　はい、毎朝読みます。

＜関連語句＞

a veces　時々
normalmente　たいてい
perfectamente　完璧に
más o menos　だいたい
nada　何も～ない

muchas veces　何度も
nunca　決して～ない
bastante　かなり
un poco　少し

No.42　直説法現在 - 10（-er 動詞）

Aprendemos inglés y español.
アプレンデモス　イングレス　イ　エスパニョル
私達は英語とスペイン語を学んでいます。

１・２・３人称複数形

Los niños ayudan mucho a su madre y recogen los platos después de comer.
(recoger　１人称単数のみ -j- が出る→ recojo)
子供達はよく母親の手伝いをし、食後皿を片付けます。

Ellos venden frutas en el mercado. (vender)
彼らは市場で果物を売っています。

会話　CD 24

A: ¿Qué idioma extranjero aprendéis? (aprender)
君たちはどの外国語を学んでいますか。

B: Aprendemos inglés y español.
私達は英語とスペイン語を学んでいます。

＜関連語句＞

fresa　苺	manzana　りんご	melón　メロン
naranja　オレンジ	mandarina　みかん	limón　レモン
pomelo　グレープフルーツ		plátano, banana　バナナ
cereza　サクランボ	uva　ブドウ	caqui　柿
melocotón　桃	mango　マンゴ	piña　パイナップル
sandía　スイカ	pera　ナシ	aguacate　アボカド
cuchillo　ナイフ	tenedor　フォーク	cuchara　スプーン
servilleta　ナプキン		

No.43 直説法現在 - 11（-ir 動詞）

¿Dónde vives?
ドンデ　ビベス
君はどこに住んでいますか。

語尾が -ir で終わる直説法現在規則動詞の活用形は1人称、2人称複数形だけに -i- が現れ後は -er 動詞と同様のパターンで変化します。

1. -ir 動詞活用形　　vivir 「住む」

yo	vivo	nosotros(as)	vivimos
tú	vives	vosotros(as)	vivís
usted él ella	vive	ustedes ellos ellas	viven

2. 1・2・3人称単数形

Vivo con mi familia.
私は家族と住んでいます。

Paulo vive solo.
パウロは1人暮らしです。

Hace calor. ¿Abro la ventana?　(abrir)
暑い。窓を開けましょうか。

会話　　CD　25

A: ¿Dónde vives?　　　　君はどこに住んでいますか。

B: Vivo en Tokio.　　　　私は東京に住んでいます。

No.44　直説法現在 - 12（-ir 動詞）

¿Escribes cartas?
エスクリベス　カルタス
君は手紙を書きますか。

会 話　　CD 25

A: ¿Escribes cartas?　(escribir)
君は手紙を書きますか。

B: No, escribo correos electrónicos.
いいえ、電子メールを書きます。
Es muy conveniente.
とても便利です。

A: Es verdad. ¿Cuántos mensajes escribes al día?
そうですね。1日にいくつのメールを書きますか。

B: Unos diez.
大体10通です。

A: Y ¿cuántos mensajes recibes?　(recibir)
それでいくつのメールを受け取りますか。

B: Bueno, quince más o menos.
およそ15通です。

＜関連語句＞

ordenador, computadora　コンピューター
Internet　インターネット　　　　página web　ホームページ
clave, contraseña　パスワード　　dirección　アドレス
arroba　アットマーク　　　　　　búsqueda　検索

51

No.45 直説法現在 - 13 (-ir 動詞)

Subimos en el ascensor.
スビモス　エン　エル　アスセンソル
エレベーターで登ります。

1・2・3人称複数形

Mañana asistís a clase, ¿verdad?　(asistir)
明日君達は授業に出席しますよね。

Ellos reparten hojas de propaganda.　(repartir)
彼らは宣伝のビラを配ります。

会話　CD 26

A: ¿Qué edificio es aquél?
あれは何の建物ですか。

B: Es el de la Oficina Metropolitana del Gobierno de Tokio.
東京都庁です。

B: ¡Qué gigantesco!　¿Cómo subimos al mirador? (subir)
なんと巨大な！展望台にはどのように登るのでしょう。

A: Subimos en el ascensor.
エレベーターで登ります。

<関連語句>

banco　銀行	museo　博物館	iglesia　教会
monumento　（記念）建造物		castillo　城

52

No.46 直接目的格人称代名詞 - 1

¿Me ayudas?
メ　アジュダス
私を手伝ってくれますか。

直接目的格（を）

日本語の「～を」にあたる人称代名詞です。3人称単数、複数は人も物も指します。活用している動詞の直前に置きます。

me	私を	nos	私たちを
te	君を	os	君たちを
lo	彼を、あなたを、それを	los	彼らを、あなた方を、それらを
la	彼女を、あなたを、それを	las	彼女らを、あなた方を、それらを

注： lo、los が人の場合は le、les が使われることもあります。

Te llamo esta noche.
今夜君に電話します。

Él compra un periódico y lo lee en el tren.
彼は新聞を買ってそれを電車の中で読みます。

会話　CD 26

A: ¿Me ayudas a cocinar?
（料理を作るのに）私を手伝ってくれますか。

B: Sí, te ayudo con mucho gusto.
はい、喜んで君の手伝いをしましょう。

No.47 直接目的格人称代名詞 - 2

Te espero en la estación.
テ エスペロ エン ラ エスタシオン
私は君を駅で待っています。

目的格人称代名詞が不定詞（原形）の目的語になっている場合その直後につけます。

Debo llevar al bebé al hospital.

→ Debo llevarlo al hospital.
私は赤ん坊を（→彼を）病院に連れて行かねばなりません。

Salvador necesita tomar la medicina.

→ Salvador necesita tomarla.
サルバドルはその薬（→それを）を飲む必要があります。

会話　CD 27

A: ¿Dónde me esperas?
君は私をどこで待っていてくれますか。

B: Te espero en la estación.
私は君を駅で待っています。

<関連語句>

clínica	クリニック	ambulancia	救急車
farmacia	薬局	vacuna	ワクチン
fiebre	熱	alergia	アレルギー
resfriado	風邪	gripe	インフルエンザ
dolor	痛み		

No.48 間接目的格人称代名詞 - 1

¿Me dejas tu bolígrafo?

メ　デハス　トゥ　ボリグラフォ
私に君のボールペンを貸してくれますか。

間接目的格（に）

「～に」にあたる人称代名詞です。直接目的格人称代名詞と同様、活用している動詞の直前に置きます。動詞が原形の場合はその直後につけます。

me	私に	nos	私たちに
te	君に	os	君たちに
le	彼に、彼女に、あなたに	les	彼らに、彼女らに、あなた方に

Os presento a mi hermano.
君たちに私の兄弟を紹介します。

Te enseño las fotos de mi viaje.
君に私の旅行の写真を見せます。

María piensa mandarle un paquete (a Pepe).
マリアはペペに小包みを送るつもりです。

会話　CD 27

A: ¿Me dejas tu bolígrafo?
　　私に君のボールペンを貸してくれますか。

B: Claro que sí.
　　もちろん、いいですよ。

No.49 間接目的格人称代名詞 - 2

Se lo llevo.
セ ロ ジェボ
私は彼女にそれを持って行きます。

間接目的格＋直接目的格代名詞の語順

Te presto mi libro. → Te lo presto.
君に私の本を貸します。　　　私は君にそれを貸します。

両方の目的格人称代名詞が３人称の場合は間接目的格人称代名詞の le, les が se に変わります。

> Juan regala un reloj (una moto) a su hijo.
> フアンは息子に時計（バイク）をプレゼントします。

> → Juan se lo (la) regala.
> ファンは彼にそれをプレゼントします。

間接目的格代名詞が原形の目的語になる場合は代名詞をその後ろに連結します。

> Juan planea regalárselo(la).
> フアンは彼にそれをプレゼントするつもりです。

会話　CD 28

A: ¿Le llevas un ramo de flores a tu novia?
君は恋人に花束を持って行きますか。

B: Sí, se lo llevo.
はい、私は彼女にそれを持って行きます。

No.50　1人称単数形のみ不規則変化 - 1

Hago deporte.
アゴ　デポルテ
私はスポーツをします。

1. hacer「する、作る」

yo	hago	nosotros(as)	hacemos
tú	haces	vosotros(as)	hacéis
usted él ella	hace	ustedes ellos ellas	hacen

Te hago una tortilla francesa.
君にプレーンオムレツを作ってあげます。

2. poner「置く」

pongo, pones, pone, ponemos, ponéis, ponen

Pongo la televisión al regresar a casa.
私は家に帰るとテレビをつけます。

会話　CD 28

A: ¿Qué haces los domingos?
君は毎週日曜日に何をしますか。

B: Hago deporte.
スポーツをします。

No.51　１人称単数のみ不規則変化 - 2

¿Qué tiempo hace hoy?

ケ　ティエンポ　アセ　オイ
今日はどんなお天気ですか。

天候の表現

天候は自然現象ですので hacer 動詞は３人称単数形になります。

Hace buen(mal) tiempo.	良い（悪い）天気です。
Hace calor(frío).	暑い（寒い）です。
Hace sol.	晴れています。
Hay nubes. / Está nublado.	曇っています。
Hay viento（niebla）.	風（霧）があります。
Llueve.	雨です。
Nieva.	雪です。

会話　CD 29

A: ¿Qué tiempo hace hoy en Granada?
　　グラナダの今日のお天気はどうですか。

B: Hace sol y mucho calor.
　　晴れて暑いです。

＜関連語句＞

pronóstico del tiempo　天気予報　　　lluvia　雨
nieve　雪　　　　tormenta　嵐　　　tifón　台風

No.52　1人称単数形のみ不規則変化 - 3

Salgo de casa a las ocho.
サルゴ デ カサ ア ラス オチョ
私は8時に家を出ます。

1. salir「出る」

yo	salgo	nosotros(as)	salimos
tú	sales	vosotros(as)	salís
usted		ustedes	
él	sale	ellos	salen
ella		ellas	

El AVE con destino Barcelona sale a las siete en punto.
バルセロナ行きの高速電車は7時ちょうどに出発します。

2. traer「持って来る」

traigo, traes, trae, traemos, traéis, traen

Siempre traigo el diccionario a la clase.
私はいつも授業に辞書を持って来ます。

会話　CD 29

A: ¿A qué hora sales de casa?
君は何時に家を出ますか。

B: Salgo a las ocho y media.
私は8時半に出ます。

＜関連語句＞
salida　出発　　　llegada　到着　　　andén　ホーム
horario　時刻表　　　　　　billete, boleto　切符
taquilla　切符売り場　　　quiosco　売店

No.53　1人称単数のみ不規則変化 - 4

Sé conducir.
セ　コンドゥシル
私は運転が出来ます。

saber　「知っている」

saber 動詞は情報や知識を「知っている」ことを表します。

yo	sé	nosotros(as)	sabemos
tú	sabes	vosotros(as)	sabéis
usted él ella	sabe	ustedes ellos ellas	saben

No sé nada de este asunto.
その件については私は何も知りません。

¿Sabes dónde está la Plaza Mayor?
君は中央広場がどこにあるか知っていますか。

No sé si mi padre me deja su coche.
私は父が私に彼の車を貸してくれるか分かりません。
（si　〜かどうか）

会話　CD 30

A: ¿Sabes conducir?　　君は車の運転が出来ますか。

B: Sí, sé conducir.　　はい、出来ます。

（「saber ＋原形」は技術や能力を持っている「〜できる」の意味）

No.54　1人称単数形のみ不規則変化 - 5

¿Conoces Córdoba?
コノセス　コルドバ
君はコルドバを知っていますか。

conocer 　「知っている」

conocer は「知っている」という意味ですが、日常の生活や体験を通して分かっていることを指します。

yo	conozco	nosotros(as)	conocemos
tú	conoces	vosotros(as)	conocéis
usted / él / ella	conoce	ustedes / ellos / ellas	conocen

Conozco a Iván pero no sé qué hace ahora.
私はイバンを知っていますが今何をしているか分かりません。

会話　CD 30

A: ¿Conoces Córdoba?
君はコルドバを知っていますか。

B: Claro. La conozco bien.
ええ、よく知っています。
Es que ahí vive mi prima.
そこに従妹が住んでいるから。

1人称単数形に -z- が出るその他の動詞

agradecer（感謝する）→ agradezco
conducir（運転する）→ conduzco
traducir（翻訳する）→ traduzco

No.55　1人称単数のみ不規則変化 - 6

Te doy este libro.
テ　ドイ　エステ　リブロ
君にこの本をあげます。

dar　「与える」

yo	doy	nosotros(as)	damos
tú	das	vosotros(as)	dais
usted		ustedes	
él	da	ellos	dan
ella		ellas	

Te doy mi número de teléfono.
君に私の電話番号をあげます。

¿Cuándo le damos el regalo?
私達はいつ彼にプレゼントをあげましょうか。

Mi abuela da un paseo con su perro.
私の祖母は犬と散歩します。

会話　CD 31

A: Hoy es mi cumpleaños.
今日は私の誕生日です。

B: ¡Felicidades! Te doy este libro.
おめでとう。君にこの本をあげます。

No.56　1人称単数形のみ不規則変化 - 7

Veo a Carmen todos los días.
ベオ　ア　カルメン　トドス　ロス　ディアス
私は毎日カルメンに会います。

ver 　「見る、見える、会う」

yo	veo	nosotros(as)	vemos
tú	ves	vosotros(as)	veis
usted		ustedes	
él	ve	ellos	ven
ella		ellas	

No veo las letras pequeñas sin gafas.
私はメガネなしでは小さい字が見えません。

Ellos ven a sus padres frecuentemente.
彼らは頻繁に両親に会います。

¿Veis la televisión todas las noches?
君たちは毎晩テレビを見ますか。

会話　　CD 31

A: Veo a Carmen todos los días.
私は毎日カルメンに会います。

B: ¿Dónde la ves?
どこで会うのですか。

A: En el metro.
地下鉄で。

63

No.57 語幹母音変化動詞 - 1（e → ie）

Quiero café.
キエロ　カフェ
私はコーヒーが欲しいです。

語幹母音の -e- が -ie- に変わりますが１・２人称複数形はこの変化をせず規則変化をします。

querer 　「欲する、愛する、好む」

yo	quiero	nosotros(as)	queremos
tú	quieres	vosotros(as)	queréis
usted él ella	quiere	ustedes ellos ellas	quieren

Ana quiere un vestido para la boda.
アナは結婚式のためにドレスが欲しい。

María, te quiero.
マリア、君を愛しているよ。

Todos quieren a Doña María.
皆マリアさんのことが好きです。

会 話　　CD 32

A: ¿Quieres algo de beber?
君は何か飲み物が欲しいですか。

B: Sí, quiero café.
はい、私はコーヒーが欲しいです。

No.58 語幹母音変化動詞 - 2（e → ie）

Quiero comer paella.
キエロ　コメル　パエジャ
私はパエジャが食べたいです。

願望の表現　　querer + 動詞の原形

Quiero hablar español.
私はスペイン語が話したい。

Hace frío. No quiero salir de casa.
寒い。私は外出したくないです。

Benito está cansado y quiere descansar.
ベニトは疲れているので休みたい。

Queremos visitar Machu Picchu.
私達はマチュピチュを訪れたいです。

Los niños quieren jugar más.
子供たちはもっと遊びたい。

会話　　CD 32

A: ¿Qué quieres comer?
　　君は何が食べたいですか。

B: Quiero comer paella.
　　私はパエジャが食べたいです。

No.59 語幹母音変化動詞-3（e → ie）

¿Quieres abrir la ventana?
キエレス　アブリル　ラ　ベンタナ
窓を開けてくれますか。

依頼の表現　　querer + 原形

querer を使った依頼の表現は相手に対する疑問文の形になります。

¿Quieres cerrar la puerta?
君、ドアを閉めてくれますか。

Mamá, ¿quieres comprarme una chaqueta?
ママ、私にジャケットを買ってくれますか。

¿Quiere usted darme la información?
その情報を私に頂けますか。

会話　　CD 33

A: ¿Quieres abrir la ventana?
　　君、窓を開けてもらえますか。

B: Sí, claro.
　　はい、もちろん。

¿No quieres abrir la ventana?
No から始まる付加疑問文は日本語では「～ないですか」と訳されますが、本来の意味は No が付いていない場合と同じで答え方は聞かれている事に肯定なら Sí、否定なら No、となることに注意しましょう。

No.60 語幹母音変化動詞 - 4（o → ue）

Hoy no puedo trabajar.
オイ　ノ　プエド　トラバハル
今日私は働けません。

語幹母音の -o- が -ue- に変わりますが１・２人称複数形はこの変化をせず規則変化をします。

poder 　「できる」　　poder + 原形

yo	puedo	nosotros(as)	podemos
tú	puedes	vosotros(as)	podéis
usted él ella	puede	ustedes ellos ellas	pueden

Mañana estoy libre. Puedo acompañarte.
明日私は暇です。君に同伴できます。

Estoy llena. Ya no puedo comer más.
私は満腹でもう食べられません。

José está resfriado y no puede nadar.
ホセは風邪をひいているので泳げない。

会話　　CD 33

A: Hoy no puedo trabajar.
私は今日働けません。

B: Estás mal, ¿verdad?
具合が悪いんでしょ。

No.61 語幹母音変化動詞 - 5（o → ue）

¿Puedo poner la tele?
プエド ポネル ラ テレ
テレビをつけてもいいですか。

1. 許可の表現　　poder + 原形

¿Puedo sacar fotos?
写真を撮ってもいいですか。

会話　　CD 34

A: ¿Puedo poner la tele?
テレビをつけてもいいですか。

B: Sí, ¡cómo no!
はい、もちろん。

2. 依頼の表現　　poder + 原形

No entiendo bien. ¿Puede usted hablar más despacio?
良く解かりません。もっとゆっくり話していただけますか。

会話　　CD 34

A: ¿Puedes explicármelo otra vez?
もう一度私にそれを説明してくれますか。

B: Bueno, te lo explico otra vez.
いいですよ、もう一度説明しますよ。

No.62 語幹母音変化動詞 - 6 (e → ie) (o → ue)

> # ¿Cuánto cuesta?
> クアント　クエスタ
> いくらですか。

語幹母音 e → ie, o → ue と同類の動詞

La clase empieza a las nueve. (empezar)
授業は9時に始まります。

¿Qué piensas sobre esto? (pensar)
君はこれについてどう思いますか。

Manuel entiende griego. (entender)
マヌエルはギリシア語が解かる。

¿Qué prefiere usted, café o té? (preferir)
あなたはコーヒーと紅茶、どちらがいいですか。

Yo duermo ocho horas normalmente. (dormir)
私は大抵8時間寝ます。

El jefe vuelve por la tarde. (volver)
上司は午後戻ります。

会話　CD 34

A: ¿Cuánto cuesta? (costar)　　いくらですか。

B: Cuesta cinco euros.　　5ユーロです。

No.63 語幹母音変化動詞 - 7（e → i）

Pido un pastel.
ピド　ウン　パステル
私はケーキを注文します。

語幹母音の -e- が -i- に変わりますが１・２人称複数形はこの変化をせず規則変化をします。

pedir 「頼む」

yo	pido	nosotros(as)	pedimos
tú	pides	vosotros(as)	pedís
usted él ella	pide	ustedes ellos ellas	piden

Este mapa sirve mucho. (servir)
この地図はとても役に立つ。

Repito una vez más. (repetir)
もう１度繰り返します。

会話　CD 35

A: Pido un pastel de chocolate. ¿Y tú?
私はチョコレートケーキを頼みます。君は。

B: Yo, un helado de vainilla.
私はバニラアイスにします。

No.64　語幹母音変化動詞 - 8（u → ue）

¿Juegas al fútbol?
フエガス　アル　フットボル
君はサッカーをしますか。

語幹母音の -u- が -ue- に変わりますが 1・2 人称複数形はこの変化をせず規則変化をします。

jugar　「球技をする、(子供が) 遊ぶ」

yo	juego	nosotros(as)	jugamos
tú	juegas	vosotros(as)	jugáis
usted él ella	juega	ustedes ellos ellas	juegan

Juanito juega mucho.
フアニト（フアンちゃん）はよく遊ぶ。

会話　CD 35

A: ¿Cuántas veces a la semana juegas al fútbol?
　　君は週に何回サッカーをしますか。

B: Todos los días menos los lunes.
　　月曜以外毎日です。

<関連語句>
béisbol　野球
baloncesto　バスケットボール
partido　試合
voleibol　バレーボール
tenis　テニス
juego　ゲーム

No.65 その他不規則動詞 - 1

Tengo un hermano.
テンゴ　ウン　エルマノ
私は1人兄弟がいます。

語幹母音 e → ie になりさらに1人称単数に -g- が出ます。
1・2人称複数形は規則変化をします。

tener　　「持つ」

yo	tengo	nosotros(as)	tenemos
tú	tienes	vosotros(as)	tenéis
usted él ella	tiene	ustedes ellos ellas	tienen

Fernando tiene muchos amigos.
フェルナンドは友達が沢山います。

Tenemos un contrato con ellos.
私達は彼らと契約を結んでいます。

会話　　CD 36

1. A: ¿Cuántos hermanos tienes?
   君は何人兄弟ですか。

   B: Tengo un hermano.
   1人兄弟がいます。

2. A: ¿Cuántos años tiene su hijo?
   あなたの息子さんは何歳ですか。

   B: Tiene catorce años.
   14歳です。

No.66 その他不規則動詞 - 2

Tengo hambre.
テンゴ　アンブレ
私はお腹が空いています。

「空腹・眠い」などの表現

Tengo calor (frío, sed).	私は暑い（寒い、喉が渇いた）。
¿Tienes sueño?	君は眠いの？
La niña tiene fiebre.	その子は熱がある。
¿Tenéis tiempo ahora?	君達は今時間がありますか。
Tengo dolor de garganta.	私は喉が痛い。

会話　(CD) 36

A: ¿Tienes hambre?　　君はお腹が空いている？

B: Sí, tengo mucha hambre.　ええ、とても。

<関連語句>

cuerpo	体	cabeza	頭	cuello	首	cara	顔
ojo	目	nariz	鼻	oreja	耳	boca	口
diente	歯	brazo	腕	mano	手	pierna	脚
pie	足	corazón	心臓	estómago	胃		
espalda	背中	pelo	髪	uña	爪		

No.67 その他不規則動詞 - 3

Tengo que salir.
テンゴ ケ サリル
私は出かけねばなりません。

義務の表現　　tener que + 原形

Antonio tiene que ir al dentista.
アントニオは歯医者に行かねばなりません。

Tengo que comprar una lavadora.
私は洗濯機を買わなければいけない。

¿A qué hora tenemos que estar allí?
私達は何時にそこにいなければいけませんか。

Mañana hay un examen. Tenemos que estudiar mucho.
明日試験があります。私達は勉強しなければならない。

会話　　CD 37

A: ¿Puedo hablar con usted ahora?
今あなたとお話できますか。

B: Lo siento, pero no puedo. Tengo que salir ya.
申し訳ありませんがもう出かけねばなりません。

No.68 その他不規則動詞 - 4

Vengo a las nueve.
ベンゴ ア ラス ヌエベ
私は9時に来ます。

語幹母音 e → i e になりさらに1人称単数に -g- が出ます。
1・2人称複数形は規則変化をします。

venir 「来る」

yo	vengo	nosotros(as)	venimos
tú	vienes	vosotros(as)	venís
usted él ella	viene	ustedes ellos ellas	vienen

Ya viene el autobús.
もうバスが来ます。

Eduardo viene a vernos.
エドゥアルドは私達に会いに来ます。

Ellos vienen en coche.
彼らは車で来ます。

会話 CD 37

A: ¿A qué hora venís a la universidad?
君達は何時に大学に来ますか。

B: Yo vengo a las nueve y Sara viene a las once.
私は9時にサラは11時に来ます。

No.69 その他不規則動詞 - 5

No le oigo.
ノ　レ　オイゴ
あなたのおっしゃっていることが聞こえません。

oír 動詞は１人称単数形に -g-，２・３人称単数形および３人称複数形に -y- が出ることに注意しましょう。

oír　「聞こえる」

yo	oigo	nosotros(as)	oímos
tú	oyes	vosotros(as)	oís
usted él ella	oye	ustedes ellos ellas	oyen

Oigo un ruido extraño. ¿No lo oyes?
奇妙な音が聞こえます。君には聞こえませんか。

La tía Paula siempre oye la radio.
パウラおばさんはいつもラジオを聞いている。

Las paredes oyen.
壁に耳あり。

会話　CD 38

A: **¿Me oyes?**
　　私の声（言っていること）が聞こえますか。

B: **No, no le oigo bien.**
　　いいえ、あなたのおっしゃっていることがよく聞こえません。

No.70 その他不規則動詞 - 6

¿A dónde vas?
ア　ドンデ　バス
君はどこに行くのですか。

ir 動詞は独自の変化をします。

ir 「行く」

yo	voy	nosotros(as)	vamos
tú	vas	vosotros(as)	vais
usted / él / ella	va	ustedes / ellos / ellas	van

会話　CD 38

A: ¿A dónde vas?
どこに行くのですか。

B: Voy al hospital porque tengo mucha tos.
咳が沢山出るので病院に行きます。

A: ¿En qué vas?
何で行きますか。

B: Voy en taxi.
タクシーで行きます。

<関連語句>

tren　電車　　　metro　地下鉄　　autobús　バス
moto　オートバイ　bicicleta　自転車　avión　飛行機
barco　船　　　a pie　歩いて

No.71 その他不規則動詞 - 7

Vamos a visitar Toledo.
バモス ア ビシタル トレド
トレドを訪れましょう。

1. 近接未来　　ir a + 原形

   Esta tarde voy a ver a mis amigos.
   今日の午後私の友達に会うつもりです。

   Va a llover mañana.
   明日雨が降るだろう。

   ¿Qué vas a hacer este fin de semana?
   この週末君は何をする予定ですか。

2. 勧誘　　vamos a + 原形

   Vamos a empezar la clase.
   さあ授業を始めましょう。

   Vamos a brindar. ¡Salud!
   乾杯しましょう。乾杯！

会話　　CD 39

A: Vamos a visitar Toledo mañana.
明日トレドを訪れましょう。

B: Es una buena idea.
それはよい案だ。

No.72

疑問詞 - 1

¿Cómo va a su oficina?
コモ バ ア ス オフィシナ
あなたはどの様にオフィスに行きますか。

1. qué 「何」
   ¿Qué estudias?
   君は何を勉強していますか。

   ¿Qué idioma extranjero aprendes?
   君は何の外国語を学んでいますか。

2. quién/quiénes 「誰」
   ¿Quién es ese señor?
   その男の人は誰ですか。

   ¿Quiénes bailan en la fiesta?
   パーティで誰が踊りますか。

3. cuánto(a) /cuántos(as) 「どれだけ」
   ¿Cuánto es?
   いくらですか。

   ¿Cuántas personas trabajan aquí?
   ここでは何人の人が働いていますか。

4. cómo 「どの様に」

会話 CD 39

A: ¿Cómo va a su oficina?
あなたはどの様にオフィスに行きますか。

B: Voy en metro.
地下鉄で行きます。

No.73

疑問詞 - 2

¿Por qué quieres ir a Perú?
ポル　ケ　キエレス　イル　ア　ペル
君はなぜペルーに行きたいのですか。

1. cuándo 「いつ」
   ¿Cuándo empiezan las vacaciones?
   休暇はいつ始まりますか。

2. dónde 「どこ」
   ¿Dónde trabajas?
   君はどこで働いていますか。

   ¿De dónde sois?
   君達はどこの出身ですか。

3. cuál / cuáles 「どれ」
   ¿Cuál de los dos es tu cuaderno?
   これら2冊のうち君のノートはどちらですか。

4. por qué 「なぜ」

会話　(CD) 40

A: ¿Por qué quieres ir a Perú?
　　君はなぜペルーに行きたいのですか。

B: Porque quiero ver las líneas de Nazca.
　　ナスカの地上絵が見たいからです。

No.74 感嘆文

¡Qué lástima!
ケ　ラステイマ
まあ、残念！

1. ¡Qué ＋ 名詞（形容詞・副詞）！

¡Qué suerte!	ラッキー！
¡Qué bonito!	なんと可愛いんでしょう！
¡Qué calor(frío)!	なんて暑い（寒い）んだ！
¡Qué rico!	なんと美味しい！
¡Qué bien cantas!	なんと歌がうまいのでしょう！

2. ¡Qué ＋名詞＋ más(tan) ＋形容詞！

   ¡Qué paisaje más(tan) precioso!
   　　　　なんと美しい景色でしょう！

3. ¡Cuánto (-a, -os, -as) ＋ 名詞！

   ¡Cuánto tiempo!　　久しぶり！

会話　CD 40

A: Yo no puedo ir a la fiesta.
　　私はパーティに行かれません。

B: ¡Qué lástima!　まあ、残念！

No.75   不定語・否定語 - 1

¿Me espera alguien?
メ　エスペラ　アルギエン
誰か私を待っていますか。

1. algo「何か」　nada「何も（〜ない）」

    A: ¿Quieres comer algo?　　　　何か食べたい？

    B: No, no quiero comer nada.　　何も食べたくない。

    A: ¿Sabes algo de él?　　　　　彼のこと何か知ってる？

    B: No, no sé nada.　　　　　　　いいえ、何も。

2. nunca「決して（〜ない）」

否定語が動詞の前に来ると全文が否定になり no は不要です。

    Nunca digo mentiras.　　　　私は決して嘘を言わない。

3. alguien「誰か」　nadie「誰も（〜ない）」

会話　　CD 41

    A: ¿Me espera alguien?
    誰か私を待っていますか。

    B: No, no te espera nadie.
    (Nadie te espera).
    いいえ、誰も待っていません。

No.76 不定語・否定語 - 2

¿Tenéis alguna pregunta?
テネイス　アルグナ　プレグンタ
君達は何か質問がありますか。

1. alguno（誰か、何か), alguna, algunos, algunas

   Voy a comprar algunas de estas revistas.
   私はこれらの雑誌の内何冊かを買うつもりです。

   No conozco a ninguno de ellos.
   私は彼らの内誰も知らない。

2. ninguno「ひとつも (〜ない)」

否定語が動詞の前に来ると全文が否定になり no は不要です。

   Ninguno de los chicos sabe conducir.
   それらの少年達の内誰も運転が出来ない。

alguno, ninguno は男性単数名詞の前で algún, ningún となります。また alguno(-a, -os, -as) 及び ninguno(-a, -nos, -nas) は代名詞にもなります。

   ¿Tienes algún problema?
   君、何か問題があるのですか。

会話　CD 41

A: ¿Tenéis alguna pregunta?
   君達は何か質問がありますか。

B: No, no tenemos ninguna.
   いいえ、何も質問はありません。

No.77 前置詞 - 1

Trabajo hasta las diez.
トラバホ　アスタ　ラス　ディエス
私は10時まで働きます。

1. en 「〜に」
   Vivo en Tokio.　　　　　　　　私は東京に住んでいます。

2. a 「〜へ、〜に」
   Voy a Osaka.　　　　　　　　私は大阪へ行きます。

   Salgo a las siete.　　　　　　私は7時に出かけます。

3. de 「〜から、〜の」
   Gloria es de México.　　　　グロリアはメキシコ出身です。

   Esta moto es de Paco.　　　このバイクはパコのものです。

4. desde「〜から」
   La exposición es desde el día 15.
   　　　　　　　　　　　　　　展覧会は15日から始まります。

5. hasta 「〜まで」

会話　CD 42

A: ¿Estás ocupada hoy?
   君は今日忙しいですか。

B: Sí, trabajo hasta las diez.
   はい、10時まで働きます。

---

al (a + el → al)　　del (de + el → del)
La oficina está al lado del banco.
オフィスは銀行の隣です。

No.78 前置詞 - 2

Gracias por invitarme.
グラシアス　ポル　インビタルメ
招待してくれてありがとう。

1. por 「～のゆえに、～の間」
   Viajo por negocios.
   私はビジネスのために旅行します。

   Voy de compras por la mañana.
   私は午前中に買い物に出かけます。

2. para「～のために」
   Ahorramos dinero para comprar un chalé.
   私達は別荘を買うためにお金を節約します。

3. sobre「～の上に」(=en)
   Tu cartera está sobre la mesa.
   君の財布は机の上にあります。

4. bajo「～の下に」
   Pongo el pijama bajo la almohada.
   私は枕の下にパジャマを置きます。

5. con「～と、～付きの」　sin 「～なしで」
   Un café con leche sin azúcar, por favor.
   砂糖なしでカフェオレを1杯お願いします。

会 話　　CD 42

A: Bienvenido a mi casa.　　ようこそ我が家へ。

B: Gracias por invitarme.　　招待ありがとう。

No.79　　　　　　　**前置詞 - 3**

Es popular entre los jóvenes.
エス　ポプラル　エントレ　ロス　ホベネス
若い人達の間で人気があります。

1. durante 「～の間（時間）」
   ¿Qué vas a hacer durante las vacaciones?
   君は休暇中何をする予定ですか。

2. contra「～に対して」
   La manifestación contra el gobierno tiene lugar hoy.
   政府に対するデモが今日行われます。

3. hacia「～の方へ、～の頃に」
   Vamos hacia el mar.
   海の方へ行きましょう。

   El profesor llega hacia las ocho y media.
   先生は8時半頃着きます。

4. según「～によれば、～にしたがって」
   Según el pronóstico del tiempo, nevará.
   天気予報によれば雪がふるようだ。

5. entre「～の間に、～の中で」

会話　　CD 43

A: ¿Conoces esta canción?
   この歌知ってる？

B: Sí. Es popular entre los jóvenes.
   ええ。若い人達の間で人気がありますよ。

No.80 前置詞格人称代名詞

Voy contigo.
ボイ　コンティゴ
私は君と行きます。

1. 前置詞の後に続く人称代名詞

	単数	複数
1人称	mí	nosotros(as)
2人称	ti	vosotros(as)
3人称	usted él ella	ustedes ellos ellas

Este mensaje es para mí (ti, usted).
このメッセージは私（君、あなた）宛てです。

¡Gracias! - A ti.
ありがとう。−こちらこそ。

2. 前置詞 con に続く場合

¿No quieres salir con nosotros?
君、私達と一緒に出かけませんか。

con + 1人称単数　→　conmigo
con + 2人称単数　→　contigo

会話　CD 43

A: ¿Vienes conmigo?　　君は私と来ますか。

B: Sí, voy contigo.　　はい、君と行きます。

No.81

gustar 型動詞 - 1

Me gusta el fútbol.

メ　グスタ　エル　フトボル
私はサッカーが好きです。

間接目的格代名詞＋ gustar ＋主語

主語が間接目的格の人称に気に入る、という構文ですが日本語に訳す時は「～は～が好きです。」となります。

me te le nos os les	gusta　＋　単数名詞 gusta　＋　原形 gustan　＋　複数名詞

¿Os gusta esta película?
君達はこの映画が好きですか。

No me gusta nadar.
私は泳ぐことは好きではありません。

間接目的格を明確にしたり強調したい時は「a+ 人名」や「a+ 前置詞格人称代名詞」を付けます。

¿A ti te gustan los animales?
君は動物が好きですか。

会話　　CD　44

A: ¿Qué deporte te gusta?　何のスポーツが好きですか。

B: Me gusta el fútbol.　　私はサッカーが好きです。

No.82

gustar 型動詞 - 2

Me interesa la cocina.

メ　インテレサ　ラ　コシナ
私は料理に興味があります。

gustar と同類の動詞　interesar

Estos días en España el manga japonés es muy popular. A Roberto y a Luisa les interesa mucho.
最近スペインでは日本の漫画が大変人気があります。ロベルトとルイサはそれにとても興味があります。

Nos interesa la cultura latinoamericana.
私達はラテンアメリカの文化に興味があります。

gustar 型の文の応答で también, tampoco を使う場合主格人称代名詞ではなく前置詞格人称代名詞を使用します。

会話　CD 44

1. A: Me interesa la cocina española.
   私はスペイン料理に興味があります。

   B: A mí también.
   私もです。

2. A: No me interesan los deportes.
   私はスポーツに興味ありません。

   B: A mí tampoco.
   私も（興味ない）です。

No.83　gustar 型動詞 - 3

¿Te pasa algo?
テ　パサ　アルゴ
君、どうかしたの。

gustar と同類の動詞　doler, pasar, parecer

Me duele el estómago.　　私は胃が痛い。

Le duelen las muelas.　　彼は歯が痛い。

¿Qué te pasa?　　君、どうしたの。

¿Qué te parece?　　君はどう思いますか。

会話　CD 45

A: ¿Qué te parece si salimos un rato?
少しの間外出するのはどう？

B: Me parece buena idea, pero…
いい考えと思うけれど…

A: ¿Te pasa algo?
どうかしたの？

B: Me duele la cabeza un poco.
少し頭が痛くて。

No.84 再帰動詞 - 1

Ella se llama Leticia.
エジャ　セ　ジャマ　レティシア
彼女はレティシアといいます。

再帰動詞は必ず再帰代名詞を伴います。

自分自身を〜する

levantarse 「起きる」

yo	me levanto	nosotros(as)	nos levantamos
tú	te levantas	vosotros(as)	os levantáis
usted / él / ella	se levanta	ustedes / ellos / ellas	se levantan

Me levanto a las seis y media.
私は6時半に起きます。

Mi hermano se acuesta tarde. (acostarse)
私の兄は遅く寝ます。

Ellos se casan en junio. (casarse)
彼らは6月に結婚します。

会話　CD 45

A: ¿Cómo se llama esa chica? (llamarse)
その女の子は何という名前ですか。

B: Ella se llama Leticia.
彼女はレティシアといいます。

No.85 再帰動詞 - 2

¿Cuándo te cortas el pelo?
クアンド テ コルタス エル ペロ
君はいつ髪を切りますか。

体の1部が目的語

Me lavo las manos al regresar a casa.
(lavarse)
私は家に帰ると手を洗います。

Carolina se pinta las uñas los domingos.
(pintarse)
カロリナは毎週日曜日にマニキュアをします。

David se ducha y se afeita el bigote.
(ducharse, afeitarse)
ダビッドはシャワーを浴びて髭を剃ります。

目的語が代名詞になる時、再帰代名詞と動詞の間に置きます。

Me lavo las manos.　→　Me las lavo.

会話　CD 46

A: ¿Cuándo te cortas el pelo? (cortarse)
君はいつ髪を切りますか。

B: Mañana me lo corto.
明日（それを）切ります。

No.86 再帰動詞 - 3

¿Nos ponemos el abrigo?
ノス　ポネモス　エル　アブリゴ
オーバーを着ましょうか。

目的語が衣類

Mario se pone la corbata y el sombrero.
マリオはネクタイをし帽子をかぶります。

Las chicas se ponen el kimono el Día de la Mayoría de Edad.
女の子達は成人の日に着物を着ます。

Ellas se ponen el traje de flamenco y bailan sevillanas en la Feria.
彼女達はフェリアでフラメンコの衣装を着てセビジャナスを踊ります。

再帰動詞が不定詞になる時には再帰代名詞はその動詞の後に連結させます。さらに目的格人称代名詞を伴う場合はそれらの後に繋げます。

Tenemos que quitarnos los zapatos en casa.

→ Tenemos que quitárnoslos.
私達は家では靴（→それを）を脱がねばなりません。

会話　CD 46

A: Mamá, ¿nos ponemos el abrigo?
ママ、僕たちオーバーを着るの？

B: Sí, que hace mucho frío.
そうね、とても寒いから。

再帰動詞 - 4

¿Ya te vas?

ジャ テ バス
君はもう行ってしまうの。

再帰動詞のその他の用法

1. 受身
    La oficina se cierra a las cinco.
    オフィスは5時に閉められます。

    Aquí se venden frutas frescas.
    ここでは新鮮な果物が売られています。

2. 相互
    Los dos países se ayudan mutuamente.
    その2国はお互い助け合っている。

3. 強調
    Pepe se come una paella para tres personas.
    ペペは3人分のパエジャをたいらげてしまう。

4. 常に再帰代名詞を伴う動詞
    Los empleados se quejan del sueldo.
    従業員達は給料について不平を言っている。

会話　(CD) 47

A: Tengo que irme.　　私は行かなくちゃ。

B: ¿Ya te vas?　　君はもう行ってしまうの？

No.88 無人称 - 1

¿Cómo se va al aeropuerto?
コモ　セ　バ　アル　アエロプエルト
空港へはどのように行かれますか。

「誰が」という明確な主語がなく誰にでも共通な「人は～だ」という意味になります。

se + 動詞の３人称単数形

Se come bien en este restaurante.
このレストランの食事は美味しい。

Aquí se vive bien.
ここでは良いくらしができる。

会話　CD 47

1. A: ¿Cómo se va al aeropuerto?
   空港へはどのように行くのですか。

   B: Se va por esta autopista.
   この高速道路を通って行きます。

2. A: ¿Cómo se dice "burausu" en español?
   スペイン語でブラウスは何と言いますか。

   B: Se dice "blusa".
   blusa と言います。

<関連語句>

traje　スーツ	chaqueta　上着	pantalones　ズボン
vaqueros　ジーンズ	falda　スカート	camisa　シャツ
camiseta　Tシャツ	cazadora　ジャンパー	jersey　セーター
abrigo　コート	pijama　パジャマ	ropa interior　下着

No.89　　　無人称 - 2

Te llaman por teléfono.
テ　ジャマン　ポル　テレフォノ
君に電話がかかっています。

動詞の3人称複数形

この無人称表現は明確に主語を示しませんが、しばしば受身文のように訳すと判りやすいです。

Cuidado, que te roban la cartera.
気をつけて、財布が盗まれますよ。

Le dan el primer premio.
彼に1等賞が与えられる。

Llaman a la puerta.
誰かが来たようだ。(誰かがドアをノックしている。)

Si no estudias bien, te suspenden.
君がしっかり勉強しなければ落第させられますよ。

Dicen que van a subir los impuestos.
税金が上がるそうだ。

会話　(CD) 48

A: Te llaman por teléfono.　　君に電話がかかっています。

B: Ahora voy.　　　　　　　　今行きます。

No.90 比較級 - 1

¿Cuál es más barato?
クアル エス マス バラト
どちらがより安いですか。

1. **優等比較級**　más + 形容詞（副詞・名詞）+ que

    Pablo es más alto que Miguel.
    パブロはミゲルより背が高い。

    Raúl corre más rápido que José.
    ラウルはホセより早く走る。

    Tienes más libros que yo.
    君は私より本を持っている。

2. **劣等比較級**　menos + 形容詞（副詞・名詞）+ que

    Estoy menos ocupada que Diego.
    私はディエゴより忙しくない。

    Hoy hace menos frío que ayer.
    今日は昨日より寒くない。

会話　(CD) 48

A: ¿Cuál es más barato, este o ese?
　　これとそれ、どちらがより安いですか。

B: Este es mucho más barato.
　　こちらの方がずっと安いです。

No.91 比較級 - 2

Estoy mejor.
エストイ　メホル
私は前より具合が良いです。

不規則な比較級

前ページで学習した más と menos はそれぞれ mucho（形容詞・副詞）および poco（形容詞・副詞）の比較級です。その他よく使われる次のものがあります。

> bueno/bien → mejor　　malo/mal → peor
> また年齢の上下には形容詞の mayor, menor を使います。

Trabajáis más que nosotros.
君達は私達より働く。

Cristina cocina mejor que su hermana.
クリスティナは彼女の姉より料理が上手です。

Mi nota es peor que la tuya.
私の成績は君のより悪いです。

Maite es mayor que Luisa.
マイテはルイサより年上です。

Tengo un hermano mayor (menor).
わたしには１人兄（弟）がいます。

会 話　CD 49

A: ¿Qué tal estás hoy?　　今日の具合はどう？

B: Estoy mejor.　　前より良いです。

No.92 比較級 - 3

Estudio tanto como tú.
エストゥディオ　タント　コモ　トゥ
私は君と同じくらい勉強します。

同等比較級 「～と同じくらい～だ」

```
1．主語 + 動詞 + tan + 形容詞（副詞）+ como ～
```

Este examen es tan difícil como el de ayer.
この試験は昨日のと同じくらい難しい。

La vida no es tan fácil como piensas, ¿eh?
人生は君が考えている程簡単ではないですよ。

```
2．主語 + 動詞 + tanto(-os, -a, -as) + 名詞 + como ～
```

Veo tantas películas como Paula.
私はパウラと同じくらい映画を観ます。

```
3．主語 + 動詞 + tanto como ～
```

Maruja trabaja tanto como su jefe.
マルハは彼女の上司と同じくらい働きます。

会話　CD 49

A: Estudio tanto como tú.
　　私は君と同じくらい勉強しています。

B: Pero comprendes mejor que yo.
　　でも私より理解がいいですね。

No.93

最上級

¡Riquísima!
リキシマ
とても美味しい！

1. 最上級　「一番〜だ」

主語 + 動詞 + 定冠詞 + 比較級 + de 〜

Ella es la más guapa del mundo.
彼女は世界で一番美しい。

Este plato es el más famoso del restaurante.
この料理はこのレストランの中で一番有名です。

Juan saca la mejor nota de la clase.
フアンはクラスで最高の成績を取る。

2. 絶対最上級「非常に〜だ」

形容詞の語尾に -ísimo をつけ性数変化をします。

Muchísimas gracias.
大変有り難うございます。

Este problema es dificilísimo.
この問題は非常に難しい。

会話　CD 50

A: ¿Qué tal la ensalada?　サラダはどう？

B: ¡Riquísima!　とても美味しい！

No.94 現在分詞

¿Qué estás haciendo?
ケ エスタス アシエンド
君は何をしていますか。

現在分詞

規則形 ar 動詞語尾→ -ando er, ir 動詞語尾→ -iendo

不規則形

leer	leyendo	pedir	pidiendo
oír	oyendo	sentir	sintiendo
ir	yendo	decir	diciendo
venir	viniendo	dormir	durmiendo

進行形   estar + 現在分詞（性数変化なし）

Marco está comiendo.
マルコは食事中です。

Estamos viendo un programa interesante.
私達は面白い（興味深い）番組を見ています。

会話 CD 50

目的格人称代名詞は現在分詞の直後につけます。（その際アクセントの位置に注意）

A: ¿Qué estás haciendo? ¿Estás viendo las noticias?
君は何をしているの？ニュースを見ているの？

B: Sí, estoy viéndolas.
はい、それを見ています。

No.95 過去分詞

Está hecho en Japón.
エスタ　エチョ　エン　ハポン
日本製です。

過去分詞

規則形

| ar 動詞語尾→ -ado | er, ir 動詞語尾→ -ido |

不規則形

abrir	abierto	morir	muerto
decir	dicho	volver	vuelto
escribir	escrito	ver	visto
hacer	hecho	romper	roto

形容詞的用法　（性数変化に注意）

Jesús es recién nacido.
ヘススは生まれたばかりです。

Me gusta la carne poco hecha.
私はレア肉が好きです。

Tengo unos libros escritos en chino.
私は中国語で書かれた数冊の本を持っています。

会話　CD 51

A: ¿De dónde es el muñeco?
この人形はどこで作られたのですか。

B: Está hecho en Japón.
日本製です。

No.96 受動文 - 1

La comida está preparada.
ラ　コミダ　エスタ　プレパラダ
食事は準備されています。

1. ser + 過去分詞（他動詞）

    El señor García es respetado por todos.
    ガルシア氏は皆から尊敬されている。

    La actriz es conocida en todo el mundo.
    その女優は世界中に知られている。

2. estar + 過去分詞（他動詞）

    Las ventanas están cerradas.
    窓は閉まっています。

    El bolso está hecho a mano.
    そのバックは手作りです。

    La novela "Don Quijote" está traducida a varios idiomas.
    ドン・キホーテの小説は様々な言語に訳されています。

会話　CD 51

A: La comida está preparada ya.
食事はもう準備されています。

B: Bueno, ¡vamos a comer!
では食べましょう。

No.97 受動文 - 2

¿Cuándo se celebra la Olimpiada?
クアンド　セ　セレブラ　ラ　オリンピアダ
オリンピックはいつ開催されますか。

se + 他動詞の３人称

Ya no se usa esta bicicleta.
この自転車はもう使われていません。

A lo lejos se oye la música.
遠くに音楽が聞こえます。

En agosto se construye un centro comercial.
８月にショッピングセンターが建設されます。

La oficina se abre a las nueve.
オフィスは９時に開けられます。

Se venden coches usados.
中古車売ります。

会話　CD 52

A: ¿Cuándo se celebra la Olimpiada?
オリンピックはいつ開催されますか。

B: Se celebra el próximo año.
来年開催されます。

No.98 分詞構文（現在分詞・過去分詞）

Hablando del rey de Roma,…

アブランド　デル　レイ　デ　ロマ・・・
噂をすれば影。

現在分詞や過去分詞を用いた分詞構文は時、条件、理由などが表せます。なお過去分詞は性数変化をします。

Yendo en taxi, podemos llegar pronto.
タクシーで行けば私達は早く着けます。

Pensando en mi futuro, me preocupo mucho.
将来のことを考えると私はとても心配になる。

Hechos los deberes, el niño salió a jugar.
その子供は宿題を終えて遊びに出かけた。
（salió：　salir の点過去3人称単数形、No.101 を参照）

Acostumbrada a la vida urbana, no quiero vivir en el campo.
都会の生活に慣れたので私は田舎に暮らしたくない。

会話　CD 52

A:　¡Qué sorpresa!
　　わぁ、びっくり！

B:　Hablando del rey de Roma, por la puerta asoma.
　　噂をすれば影ですね。

No.99 直説法現在完了

¿Ya has comido?
ジャ　アス　コミド
君、食事はもう済みましたか。

haber 動詞直説法現在形 + 過去分詞

he	hemos
has	habéis
ha	han

＋ 過去分詞（単数男性形）

過去に完了・継続・経験した事柄が現在と関連性がある状況

He olvidado la llave.
私は鍵を忘れてしまった。

¿Ha vuelto Mario?
マリオは戻りましたか。

No hemos estudiado hoy.
私達は今日勉強しなかった。

¿Habéis estado en Francia?
君達はフランスに行ったことがありますか。

会話　CD 53

A: ¿Ya has comido?
君、食事はもう済みましたか。

B: Sí, ya he comido. Estoy lleno.
はい、もう食べました。満腹です。

No.100 直説法点過去 - 1

Compré un bolso.
コンプレ　ウン　ボルソ
私はハンドバッグを買いました。

過去のある時点で完結した行為や事柄を表します。

-ar 動詞　　estudiar「勉強する」

yo	estudié	nosotros(as)	estudiamos
tú	estudiaste	vosotros(as)	estudiasteis
usted él ella	estudió	ustedes ellos ellas	estudiaron

Anoche estudié bastante.
昨晩私はかなり勉強しました。

Ayer tomé gazpacho y me gustó mucho.
(tomar, gustar)
昨日ガスパチョを食べとても気に入りました。

La reunión empezó a la una. (empezar)
会合は１時に始まりました。

会話　CD 53

A: ¿Qué compraste ayer? (comprar)
君は昨日何を買いましたか。

B: Compré un bolso.
ハンドバッグを買いました。

No.101 直説法点過去 - 2

¿Qué comiste?
ケ　コミステ
君は何を食べましたか。

1. -er 動詞　　comer「食べる」

yo	comí	nosotros(as)	comimos
tú	comiste	vosotros(as)	comisteis
usted / él / ella	comió	ustedes / ellos / ellas	comieron

Jorge aprendió violín. (aprender)
ホルヘはバイオリンを習った。

2. -ir 動詞　　vivir「住む」

yo	viví	nosotros(as)	vivimos
tú	viviste	vosotros(as)	vivisteis
usted / él / ella	vivió	ustedes / ellos / ellas	vivieron

El Greco vivió en Toledo.
グレコはトレドに住んだ。

¿En qué año naciste? (nacer)
君は何年に生まれましたか。

会話　CD 54

A: ¿Qué comiste?　　君は何を食べたの？

B: Comí hamburguesa.　　ハンバーグを食べました。

No.102 直説法点過去 - 3

Pagué con la tarjeta.

パゲ コン ラ タルヘタ
カードで払いました。

1. 1人称単数形のみスペル変化

   語尾が car で終わる → qué　　buscar → busqué
   　　　　　　　　　　　　　　　explicar → expliqué

   語尾が gar で終わる → gué　　llegar → llegué
   　　　　　　　　　　　　　　　pagar → pagué

   語尾が zar で終わる → cé　　empezar → empecé
   　　　　　　　　　　　　　　　comenzar → comencé

2. 3人称単数・複数形に -y- が出る
   （母音＋語尾 -er, -ir）

   leer → (él) leyó　　(ellos) leyeron
   oír → (él) oyó　　(ellos) oyeron
   caer → (él) cayó　　(ellos) cayeron

会話　CD 54

A: ¿Compraste la falda?
　　スカートを買ったの？

B: Sí, la pagué con la tarjeta.
　　ええ、カードで支払いました。

No.103 点過去不規則動詞 - 1

¿Dónde estuviste ayer?
ドンデ　エストゥビステ　アジェル
昨日君はどこにいましたか。

活用形に -u- が出る

estar 「いる、ある」

yo	estuve	nosotros(as)	estuvimos
tú	estuviste	vosotros(as)	estuvisteis
usted él ell	estuvo	ustedes ellos aellas	estuvieron

Ayer no tuve tiempo para nada. (tener)
昨日私は全く時間がなかった。

El año pasado no pudimos viajar. (poder)
昨年私達は旅行できなかった。

Al regresar a casa, él puso la tele y lo supo. (poner, saber)
家に帰ると彼はテレビをつけ、そのことを知った。

会話　CD 55

A: ¿Dónde estuviste ayer?
君は昨日どこにいましたか。

B: Estuve en casa de Juan.
私はフアンの家にいました。

No.104 点過去不規則動詞 - 2

¿Cuándo vino Jaime?

クアンド　ビノ　ハイメ
ハイメはいつ来ましたか。

活用形に -i- が出る

venir　「来る」

yo	vine	nosotros(as)	vinimos
tú	viniste	vosotros(as)	vinisteis
usted él ella	vino	ustedes ellos ellas	vinieron

Preparé la cena para José pero él no quiso tomarla. (querer)
私はホセの夕食を用意しましたが彼は食べたがらなかった。

Hice un pastel de chocolate rico. (hacer)
私は美味しいチョコレートケーキを作りました。

Ayer hizo frío.　　(hacer の３人称単数形は hizo)
昨日は寒かった。

会話　CD 55

A: ¿Cuándo vino Jaime a Japón?
　　ハイメはいつ日本に来ましたか。

B: Vino hace tres años.
　　３年前に来ました。

No.105 点過去不規則動詞 - 3

¿Trajiste los documentos?

トラヒステ　ロス　ドクメントス
君は書類を持って来ましたか。

活用形に -j- が出る

traer「持って来る」

yo	traje	nosotros(as)	trajimos
tú	trajiste	vosotros(as)	trajisteis
usted él ella	trajo	ustedes ellos ellas	trajeron

Estoy un poco cansada porque ayer conduje casi todo el día. (conducir)
私は昨日ほとんど1日中運転していたので少し疲れています。

Estela tradujo la novela al inglés. (traducir)
エステラはその小説を英語に翻訳しました。

decir は活用形に -j- がでますが、語幹は dij- となります。

Ella no me dijo nada de eso. (decir)
彼女はそのことについて私に何も言いませんでした。

会話　CD 56

A: ¿Trajiste los documentos?
　　君は書類を持って来ましたか。

B: Sí, los traje.
　　はい、それを持って来ました。

No.106 点過去不規則動詞 - 4

¿Qué pidió Paco?
ケ　ピディオ　パコ
パコは何を注文しましたか。

3人称単数・複数形で e → i に変化

pedir 　「頼む」

yo	pedí	nosotros(as)	pedimos
tú	pediste	vosotros(as)	pedisteis
usted / él / ella	pidió	ustedes / ellos / ellas	pidieron

Ana prefirió ir al mar que a la piscina. (preferir)
アナはプールよりも海に行く方を選んだ。

El niño repitió la misma pregunta. (repetir)
その子は同じ質問を繰り返した。

El jugador sintió un dolor en la pierna. (sentir)
その選手は脚に痛みを感じた。

La receta me sirvió mucho. (servir)
そのレシピは私にとても役立った。

会話　CD 56

A: ¿Qué pidió Paco?
パコは何を注文しましたか。

B: Pidió paella para todos.
皆の分のパエジャを頼みました。

No.107 点過去不規則動詞 - 5

¿Durmió usted bien?

ドゥルミオ　ウステ　ビエン
あなたはよく眠りましたか。

３人称単数・複数形で o → u に変化

dormir 「眠る」

yo	dormí	nosotros(as)	dormimos
tú	dormiste	vosotros(as)	dormisteis
usted		ustedes	
él	durmió	ellos	durmieron
ella		ellas	

Víctor durmió como un tronco.
ビクトルはぐっすり眠った。

En el accidente murieron tres personas. (morir)
その事故で３名死亡した。

会話　CD 57

A: **¿Durmió usted bien?**
あなたはよく眠りましたか。

B: **Sí, dormí profundamente.**
ええ、深く眠りました。

<関連語句>

ayer 昨日　　　　anoche 昨夜　　　　anteayer 一昨日
el otro día 先日　　　　　la semana pasada 先週
el mes pasado 先月　　　　el año pasado 昨年

No.108 点過去不規則動詞 - 6

Me dio una gran alegría.
メ ディオ ウナ グラン アレグリア
私はとても嬉しかった。

dar 「与える」

yo	di	nosotros(as)	dimos
tú	diste	vosotros(as)	disteis
usted		ustedes	
él	dio	ellos	dieron
ella		ellas	

Manolo le dio un anillo a su novia.
マノロは彼の恋人に指輪を上げた。

Me dieron el primer premio en el concurso.
私はコンクールで一等賞をもらった。

会話 CD 57

A: Pasaste el examen. ¡Enhorabuena!
君は試験に受かったんだね。おめでとう！

B: Sí, gracias. Me dio una gran alegría.
ええ、ありがとう。とても嬉しかったです。

<関連語句>　＊序数詞は修飾する名詞に性数一致する。
primero　1番目の　　segundo　2番目の　　tercero　3番目の
cuarto　4番目の　　quinto　5番目の　　sexto　6番目の
séptimo　7番目の　　octavo　8番目の　　noveno　9番目の
décimo　10番目の
　＊primero,　terceroは男性形単数名詞の前で -o が落ちる。
primer (tercer) piso　1(3)階

No.109 点過去不規則動詞 - 7

Fuimos al concierto.
フイモス　アル　コンシエルト
私達はコンサートに行きました。

動詞 ir と ser の活用形は同じ

ir「行く」　　ser「～である」

yo	fui	nosotros(as)	fuimos
tú	fuiste	vosotros(as)	fuisteis
usted él ella	fue	ustedes ellos ellas	fueron

El año pasado fui a Italia con mis amigos.
昨年私は友達とイタリアに行きました。

Ayer fue mi cumpleaños.
昨日は私の誕生日でした。

El viaje fue estupendo.
旅行は素晴らしかったです。

会話　　CD 58

A: ¿A dónde fuisteis anoche?
昨夜君達はどこに行きましたか。

B: Fuimos al concierto.
私達はコンサートに行きました。

No.110 直説法線過去 - 1

¿Dónde me esperabas?
ドンデ　メ　エスペラバス
君はどこで私を待っていましたか。

規則活用

hablar

hablaba	hablábamos
hablabas	hablabais
hablaba	hablaban

comer

comía	comíamos
comías	comíais
comía	comían

vivir

vivía	vivíamos
vivías	vivíais
vivía	vivían

不規則活用

ir

iba	íbamos
ibas	ibais
iba	iban

ser

era	éramos
eras	erais
era	eran

ver

veía	veíamos
veías	veíais
veía	veían

会話 （次ページ No.111-1 の用法）　CD 58

A: ¿Dónde me esperabas?
　　君はどこで私を待っていましたか。

B: Te esperaba en la salida del metro.
　　私は君を地下鉄の出口で待っていました。

117

No.111 直説法線過去 - 2

Veía películas.
ベイア　ペリクラス
私はよく映画を見たものです。

1. 過去のある時点における継続的な事柄や状況

Yo vivía en México y hablaba español.
私はメキシコに住んでいてスペイン語を話していました。

La puerta estaba cerrada y parecía que no había nadie en casa.
ドアが閉まっていて家の中には誰もいないようでした。

2. 過去の反復された事柄、習慣

Yo iba a la universidad en bicicleta.
私は自転車で大学に通っていました。

Cuando éramos jóvenes, viajábamos mucho.
私達が若かった頃沢山旅行をしたものです。

Antes Isabel corría después del trabajo.
以前イサベルは仕事の後よく走っていました。

会話　CD 59

A: ¿Qué hacías cuando estabas libre?
君は暇な時何をしていましたか。

B: Veía películas.
私はよく映画を見たものです。

No.112 直説法線過去 - 3

Pensaba que trabajabas.
ペンサバ ケ トラバハバス
私は君が働いていると思っていました。

1. 時制の一致

Jaime dijo que le dolía el estómago.
ハイメは胃が痛いと言いました。

Yo creía que él era soltero.
私は彼が独身だと思っていました。

Eva me preguntó por qué estudiaba inglés.
エバは私が何故英語を勉強しているのか尋ねました。

2. 婉曲表現

¿Qué deseaba usted?
何のご用でしょうか。

Quería hacer una pregunta.
質問をしたいのですが。

会話 CD 59

A: Llevo seis meses sin trabajo.
私は6か月前から仕事がありません。

B: Pensaba que trabajabas todavía.
私は君がまだ働いていると思っていました。

No.113 点過去・線過去

Quería verte pero no pude.
ケリア　ベルテ　ペロ　ノ　プデ
私は君に会いたかったけれど出来なかった。

Eran las doce de la noche cuando volví a casa.
私が家に帰った時夜の12時でした。

Cuando me llamaste, yo iba a salir de casa.
君が私に電話した時、私は外出しようとしていました。

Elena tenía 30 años cuando se casó.
エレナは結婚した時30歳でした。

Cuando visité a Nacho, él todavía estaba dormido.
私がナチョを訪れた時、彼はまだ寝ていました。

会話　CD 60

A: Quería verte pero no pude.
   私は君に会いたかったけれど出来ませんでした。

B: Bueno, mañana nos vemos.
   それでは明日会いましょう。

No.114 直説法過去完了 - 1

Cuando llegué, el tren había salido.

クアンドエ ジェゲ エル トレン アビア サリド
私が着いた時、電車は出発していました。

haber 動詞線過去形＋過去分詞

había	habíamos
habías	habíais
había	habían

＋ 過去分詞 （男性単数形）

過去のある時点より以前に完了した事柄

Cuando se celebró la Olimpiada de Tokio, no habíamos nacido todavía.
東京でオリンピックが開催された時私達はまだ生まれていなかった。

Había cesado de llover, cuando me trajeron el paraguas.
私が傘を持って来てもらった時、雨は止んでいた。

会話　CD 60

A: ¿Has perdido el tren?
君、電車を逃したの？

B: Sí, cuando llegué a la estación, el tren ya había salido.
そう、私が駅に着いた時、電車はすでに出発していて。

No.115 直説法過去完了 - 2

Ella dijo que había estado en Kioto.

エジャ ディホ ケ アビア エスタド エン キオト
彼女は京都に行ったことがあると言いました。

過去のある時点までの経験

En la entrevista me preguntaron si había trabajado como voluntario.
面接で私はボランティアで働いたことがあるか尋ねられました。

Hasta entonces yo no había visto a una chica tan guapa.
その時まで私はそんなに美しい少女を見たことがなかった。

Nunca se me había olvidado la tarea.
私は一度も宿題を忘れたことはなかった。

El niño había aprendido todo el alfabeto antes de cumplir cinco años.
その子は5歳になる前に全てのアルファベットを覚えていた。

会話　CD 61

A: ¿A dónde llevamos a Begoña?
ベゴニャをどこに連れて行ってあげましょうか。

B: Ella me dijo que había estado en Kioto.
彼女は京都には行ったことがあると私に言いました。

No.116 直説法未来 - 1

Hará mucho calor.
アラ　ムチョ　カロル
とても暑くなるでしょう。

規則活用

	-é	-emos
原形 +	-ás	-éis
	-á	-án

不規則活用

poder	tener	hacer	decir
podré	tendré	haré	diré
podrás	tendrás	harás	dirás
podrá	tendrá	hará	dirá
podremos	tendremos	haremos	diremos
podréis	tendréis	haréis	diréis
podrán	tendrán	harán	dirán

未来の行為・状態

Si viene Inés, cenaremos con ella.
もしイネスが来るなら彼女と夕食をとりましょう。

Dentro de 2 minutos ya vendrá el tren.
もう2分後に電車が来るでしょう。

会話　CD 61

A: ¿Qué tiempo hará mañana?
明日はどんな天気でしょう。

B: Hará mucho calor.
とても暑くなるでしょう。

No.117 直説法未来 - 2

> # ¿Estará él en su despacho?
> エスタラ　エル　エン　ス　デスパチョ
> 彼は事務所にいるでしょうか。

現在の推量

¿Qué hora será?　- Serán las cinco.
何時でしょうか。　　　５時でしょう。

Ese collar costará unos 30 mil yenes.
その首飾りは３万円位するでしょう。

Emilio no ha venido. ¿Estará enfermo?
エミリオは来ていません。病気でしょうか。

Habrá mucha gente en la playa.
海岸には大勢人がいるだろう。

命令・禁止

Te quedarás en la cama.
寝ていなさいよ。

No matarás.
汝、殺すなかれ。（モーゼの十戒）

会話　CD 62

A: ¿Estará él en su despacho?
　　彼は事務所にいるでしょうか。

B: A estas horas ya estará en el aeropuerto.
　　この時間にはもう空港にいるでしょう。

No.118　直説法未来完了 - 1

Habrá vuelto para el lunes.
アブラ　ブエルト　パラ　エル　ルネス
月曜までには戻っているでしょう。

haber 動詞の未来形 + 過去分詞

habré	habremos		
habrás	habréis	+	過去分詞
habrá	habrán		（単数男性形）

未来における行為の完了

Para finales de semana me habrán dado las notas.
週末までには私に成績が知らされるだろう。

Habré acabado el trabajo dentro de dos días.
私は2日後にはその仕事を終えているでしょう。

A las siete ya se habrán levantado.
彼らは7時にはすでに起きているでしょう。

会話　CD 62

A: ¿Cuándo vuelve Elena?
エレナはいつ戻りますか。

B: Habrá vuelto para el lunes.
月曜日までには戻っているでしょう。

直説法未来完了 - 2

Habrán regresado a casa.
アブラン　レグレサド　ア　カサ
彼らは帰宅したのでしょう。

現在完了の推量

¿Quién habrá hecho esta cosa?
誰がこんな事をしたのだろう。

¿Dónde habrá estado él anoche?
彼は昨晩どこにいたのだろう。

Ella está algo preocupada. ¿Qué le habrá pasado?
彼女は何か心配しているようだ。どうしたのだろう。

Parece que Concha está contenta. Le habrá salido bien su trabajo.
コンチャは満足しているようだ。仕事がうまくいったのだろう。

会話　CD 63

A: No contesta nadie en la oficina.
オフィスでは誰も電話に出ません。

B: Ya habrán regresado a casa.
もう彼らは帰宅したのだろう。

No.120 直説法過去未来 - 1

Pedro me dijo que iría a México.
ペドロ メ ディホ ケ イリア ア メヒコ
ペドロはメキシコに行くと私に言いました。

規則活用
（原形直後に付ける）

原形 +	-ía	-íamos
	-ías	-íais
	-ía	-ían

不規則活用

poder	tener	hacer	decir
podría	tendría	haría	diría
podrías	tendrías	harías	dirías
podría	tendría	haría	diría
podríamos	tendríamos	haríamos	diríamos
podríais	tendríais	haríais	diríais
podrían	tendrían	harían	dirían

過去から見た未来

Yo creía que Paco vendría a verme.
パコは私に会いに来るだろうと思っていた。

Pensábamos que ella podría pasar el examen.
彼女は試験に合格できるだろうと私達は考えていました。

会話　CD 63

A: ¿Qué te dijo Pedro?
ペドロは君に何と言ったの？

B: Me dijo que iría a México en agosto.
8月にメキシコに行くと私に言いました。

No.121 直説法過去未来 - 2

¿Quién sería?
キエン　セリア
誰だったのだろう。

過去の推量

¿Cuántos años tendría él cuando empezó a trabajar?
彼が働き始めた時は何歳だったのだろう。

Entonces ellos no sabrían nada de esto.
その時彼らはこの事について何も知らなかったのだろう。

Serían las doce de la noche cuando ocurrió el incendio.
火事が起きたのは夜の12時だっただろう。

¿Qué haría él cuando era joven?
彼が若かった頃何をしていたのだろう。

会話　CD 64

A: Alguien preguntó por ti.
誰か君を訪ねて来ましたよ。

B: ¿Quién sería?
誰だったのだろう。

不規則活用と同類の動詞

1. poder 型（語尾の母音脱落）→ querer, saber
2. tener 型（語尾の母音が d になる）→ poner, salir, venir

No.122 直説法過去未来 - 3

¿Podría sacarme una foto?

ポドリア　サカルメ　ウナ　フォト
写真を１枚撮っていただけますか。

婉曲表現

Señor Fernández, ¿podría venir a mi oficina?
フェルナンデスさん、私のオフィスに来ていただけますか。

¿Me podría pedir un taxi?
タクシーを１台呼んでいただけますか。

Me gustaría tener una cita con el encargado.
私は担当者とアポイントメントを取りたいのですが。

Usted tendría que consultar con el médico.
あなたは医者に診察してもらう必要があるでしょう。

Yo preferiría no trabajar el domingo.
私は日曜日に働きたくないのですが。

会話　CD 64

A: ¿Podría sacarme una foto?
　　写真を１枚撮っていただけますか。

B: Sí, con mucho gusto.
　　はい、喜んで。

No.123　直説法過去未来完了 - 1

Dijo que la reunión habría acabado antes de las ocho.

ディホ　ケ　ラ　レウニオン　アブリア　アカバド　アンテス　デ　ラス　オチョ

会議は8時前には終わっているだろうと言った。

haber 動詞過去未来形　+　過去分詞

habría	habríamos
habrías	habríais
habría	habrían

+　過去分詞（単数男性形）

過去から見た未来の時点での完了

Dijeron que el paquete me habría llegado para el día siguiente.
荷物は翌日には私に着いているだろうと言われた。

会話　CD 65

A: Ya son las ocho y media. ¿No ha acabado la reunión?
もう8時半だ。会議は終わっていないの？

B: Todavía no.
まだです。

A: Pero la secretaria dijo que habría acabado antes de las ocho.
秘書は8時前には終了しているだろうと言ったのに。

No.124 直説法過去未来完了 - 2

Pensé que él ya habría llegado.
ペンセ ケ エル ジャ アブリア ジェガド
彼はすでに着いていると私は思いました。

過去の時点で完了した事柄の推量

Cuando llegamos al hotel, ellos no estaban.
Ya se habrían marchado.
私達がホテルに着いた時、彼らはいなかった。すでに去ってしまっていたのだろう。

José estudiaba seriamente.
Le habrían suspendido en el examen anterior.
ホセは真剣に勉強していた。前回の試験で落第したのだろう。

Creíamos que Juana habría estudiado inglés.
私達はフアナが英語を勉強したことがあるのだろうと思っていた。

Pensé que los niños ya se habrían acostado.
私は子供達はすでに寝たのだろうと思った。

会話　CD 65

A: ¿Por qué volviste tan pronto?
なぜこんなに早く帰ってきたの？

B: Porque pensé que mi padre ya habría llegado.
私は父がすでに着いていると思ったので。

No.125

知覚動詞

¿Has visto bailar a Yuka?

アス　ビスト　バイラル　ア　ユカ

ユカが踊るのを君は見たことがありますか。

1. 知覚動詞＋原形

Vi a María llorar. (= Vi llorar a María.)
私はマリアが泣くのを見た。

Oí a alguien llamarme.
誰かが私を呼ぶのを聞いた。

No quiero verte discutir con tus amigos.
私は君が友達と口論するのを見たくない。

2. 知覚動詞＋現在分詞

Vi a Manolo leyendo una carta.
私はマノロが手紙を読んでいるのを見た。

Vimos a Josefa esperándote.
私達はホセフェが君を待っているのを見た。

Vi a los niños nadando en la piscina.
私は子供達がプールで泳いでいるのを見た。

会話　CD 66

A: **¿Has visto bailar a Yuka?**
君はユカが踊るのを見たことがありますか。

B: **Sí, baila muy bien, como una gitana.**
はい、彼女はジプシーのようにとても上手に踊りますね。

No.126 使役・放任動詞

Ellos no la dejan vivir sola.
エジョス ノ ラ デハン ビビル ソラ
彼らは彼女に一人暮らしをさせない。

1. 使役動詞 (hacer) ＋原形

El jefe lo hizo trabajar hasta muy tarde.
上司は彼を大変遅くまで働かせた。

Hizo a su hija limpiar la habitación.
彼は娘に部屋を掃除させた。

Ella me hizo esperar una hora en medio del frío.
彼女は私を寒い中１時間待たせた。

2. 放任動詞 (dejar) ＋原形

Ese pensamiento no me dejó dormir.
その考えは私を眠らせなかった。

El policía no nos dejó entrar en el edificio.
警官は私達を建物の中に入らせなかった。

会話　CD 66

A: ¿Lola vive sola?
ロラは一人暮らし？

B: No, sus padres no la dejan vivir sola.
いいえ、彼女の両親は彼女に一人暮らしをさせません。

No.127 関係詞 - 1

¿Conoces al niño que cantó bien en el concierto?
コノセス アル ニニョ ケ カント ビエン エン エル コンシエルト
君はコンサートで上手に歌った男の子を知っていますか。

1. **関係代名詞 / 制限用法**

    Tengo un amigo que vive en Barcelona.
    私にはバルセロナに住んでいる友人が一人います。

    Quiero ver el bolso que está allí.
    私はあそこにあるバックが見たい。

2. **説明用法**

    El estudiante, que habla español, busca un trabajo.
    その学生は、スペイン語を話すのですが、仕事を探しています。

3. **前置詞＋ quien**

    El cantante con quien estuve ayer es cubano.
    私が昨日一緒にいた歌手はキューバ人です。

会話 CD 67

A: ¿Conoces al niño que cantó bien en el concierto?
君はコンサートで上手に歌った男の子を知っていますか。

B: Sí, claro. Es mi sobrino.
はい、もちろん。 私の甥です。

No.128 関係詞 - 2

> **Quien estudia más, comprende mejor.**
> キエン　エストゥディア　マス、　コンプレンデ　メホル
> より多く勉強する者はより良く理解する。

1. **関係副詞　donde**

   Ayer comí en el bar donde trabaja Paco.
   昨日私はパコが働いているバルで食事をした。

2. **関係形容詞　cuyo (-a, -os, -as)**

   Luis tiene una hija cuya nacionalidad es japonesa.
   ルイスは日本の国籍の娘が一人います。

3. **quien の独立用法**

   A quien madruga Dios le ayuda.
   早起きは三文の徳（得）。

   Quienes han visitado España, dicen que les ha gustado la comida.
   スペインを訪れたことがある人は食事が気に入ったと言う。

会話　CD 67

A: Quien estudia más, comprende mejor.
　 より多く勉強する者はより良く理解する。

B: Tiene usted razón.
　 おっしゃる通りです。

No.129

関係詞 - 3

No entiendo lo que quieren hacer.
ノ　エンティエンド　ロ　ケ　キエレン　アセル
私は彼らがしたい事が分かりません。

1. el (la, los, las) + que

スペイン語の関係詞の中では que が最も多く使われます。次のような独立用法も表せます。

> Los que duermen bien no tienen estrés.
> 良く眠る者はストレスがない。

2. 前置詞 + el (la, los, las) + que

関係代名詞の quien や関係副詞の donde も que を用いて言い換えることが出来ます。前置詞を使った表現で en, con, de の場合は定冠詞を省略することがあります。

> El médico del que te hablé es famoso.
> 私が君に話したその医者は有名です。

> Esta es la universidad en (la) que estudiamos.
> これが私達が勉強している大学です。

3. lo + que　（〜のこと）

会話　CD 68

A: No entiendo lo que quieren hacer.
　 私は彼らがしたい事が分かりません。

B: Yo tampoco.
　 私にも分かりません。

No.130

継続の表現

Hace una hora que la espero.

アセ ウナ オラ ケ ラ エスペロ
私は１時間前から彼女を待っています。

「～前から～している＝～して～になる」、「～前に～した」という言い方は hacer 動詞現在３人称の hace を使い表現出来ます。また過去のある時点が基準になる場合は hacía ～ que を使います。

Hace un año y medio que vivo aquí.
私がここに住んで１年半になります。

Hace dos semanas que se marchó de Japón.
彼が日本を発ってから２週間になる。（彼は２週間前に日本を発った。）

No nos vemos desde hace cinco años.
私達は５年前から会っていません。

Ella aprobó el examen hace diez años.
彼女は10年前に試験に合格した。

Hacía un mes que nos habíamos mudado cuando nos llegó su carta.
彼の手紙が届いた時私達が引っ越して１ヶ月経っていた。

会話　CD 68

A: Hace una hora que la espero.
　　私は１時間前から彼女を待っています。

B: Es mejor no esperarla más.
　　もう待たないほうがいいですよ。

No.131 接続法現在（名詞節）- 1

Quiero que estudies más.
キエロ ケ エストゥディエス マス
私は君にもっと勉強して欲しい。

直説法が物事を客観的に述べるのに対し、主節の動詞が主観性をおびると従属節に接続法が用いられます。

規則活用

hablar	comer	vivir
hable	coma	viva
hables	comas	vivas
hable	coma	viva
hablemos	comamos	vivamos
habléis	comáis	viváis
hablen	coman	vivan

願望

Deseo que usted se recupere pronto.
私はあなたが早く回復なさることを願っています。

Espero que limpiéis la habitación.
私は君達に部屋を掃除して欲しい。

No queremos que suban los impuestos.
私達は税金を上げて欲しくない。

会話　CD 69

A: Quiero que estudies más.
私は君にもっと勉強して欲しい。

B: Sí, mamá.
はい、お母さん。

No.132 接続法現在（名詞節）- 2

No creo que llegues a tiempo.
ノ クレオ ケ ジェゲス ア ティエンポ
私は君が間に合うとは思わない。

否定・疑惑

Dudo que él busque un trabajo en serio.
私には彼が真剣に仕事を探しているとは思えない。

No es seguro que gane nuestro equipo.
私達のチームが勝つというのは確かではない。

No creo que me llame Carlos.
カルロスが私に電話をかけてくるとは思えない。

会話　CD 69

A: No creo que llegues a tiempo.
　　私は君が間に合うとは思わない。

B: Bueno, tomaré un taxi.
　　それじゃタクシーを拾うよ。

＊スペルに注意

llegar→　llegue, llegues, llegue, lleguemos, lleguéis, lleguen
buscar→　busque, busques, busque, busquemos, busquéis, busquen

139

No.133 接続法現在（名詞節）- 3

Me alegro de que puedas venir.
メ　アレグロ　デ　ケ　プエダス　ベニル
君が来れることが私は嬉しいです。

感情

Es una lástima que ellos no nos entiendan.
彼らが私達のことを分かってくれないことが残念です。

Me extraña que él te pida tal cosa.
彼が君にそんな事を頼むとは私には不思議だ。

Me sorprende que él ya no juegue al fútbol.
彼がもうサッカーをしないというのは驚きだ。

会話　CD 70

A: Voy a la fiesta.
　　私はパーティに行きますよ。

B: Me alegro de que puedas venir.
　　君が来れることが私は嬉しいです。

＊語根母音変化動詞の活用形
poder→pueda, puedas, pueda, podamos, podáis, puedan
entender→entienda, entiendas, entienda, entendamos, entendáis, entiendan
pedir→pida, pidas, pida, pidamos, pidáis, pidan　（No.134 欄外参照）

No.134 接続法現在（名詞節）- 4

Es posible que nieve mañana.
エス　ポシブレ　ケ　ニエベ　マニャナ
明日雪が降るかもしれない。

可能・必要・重要

Puede que suban los impuestos.
税金が上がるかもしれない。

Es probable que sintamos fatiga al acabar este trabajo.
この仕事を終える時には私達は疲れを感じるだろう。

Es necesario que durmáis bien.
君達はよく眠る必要がある。

Es importante que pienses en tu salud.
君は自分の健康を考えることが大事だ。

会話　CD 70

A: ¡Qué frío hace!
わぁ、なんと寒いんだろう！

B: Es posible que nieve mañana.
明日雪が降るかもしれない。

---

sentir, dormir のように -ir で終わる語幹母音変化動詞では 1・2 人称複数形で語幹の -e- が -i-, -o- が -u- になります。
sentir→sienta, sientas, sienta, sintamos, sintáis, sientan
dormir→duerma, duermas, duerma, durmamos, durmáis, duerman
同類の動詞：preferir, seguir, servir, repetir, morir

141

No.135 接続法現在（名詞節）- 5

Te exijo que prepares la lección.
テ エクシホ ケ プレパレス ラ レクシオン
私は君に予習をするように要求します。

忠告・許可・要求

El médico te aconseja que descanses.
医者は君に休むように助言している。

En la oficina no nos permiten que fumemos.
事務所では私達がタバコを吸うことを許さない。

El profesor nos dice que hagamos esta tarea y que la traigamos mañana.
先生は私達にこの宿題をして明日持って来るように言う。

会話 CD 71

A: Te exijo que prepares la lección.
　　私は君に予習をするように要求します。

B: Sí, profesor. Así lo haré.
　　はい、先生。そうします。

直説法１人称単数形の特徴が影響する動詞
tener→tenga, tengas, tenga, tengamos, tengáis, tengan
venir→venga, vengas, venga, vengamos, vengáis, vengan
hacer→haga, hagas, haga, hagamos, hagáis, hagan
traer→traiga, traigas, traiga, traigamos, traigáis, traigan
decir→diga, digas, diga, digamos, digáis, digan
同類の動詞：conocer, oír, ver, salir, poner, caer, traducir

No.136 接続法現在（副詞節）- 1

Te dejo mi cámara para que la uses.
テ デホ ミ カマラ パラ ケ ラ ウサス
君が使えるように私のカメラを貸します。

目的

Me dieron dos entradas para que vayamos al concierto.
私は私達がコンサートに行くためにチケットを2枚もらいました。

Te voy a presentar a José para que lo conozcas.
私は君がホセと知り合いになれるように紹介します。

Ella lo dice a fin de que pases el examen.
彼女は君が試験に合格するようにそう言ってるのですよ。

会話　CD 71

A: Te dejo mi cámara para que la uses.
君が使えるように私のカメラを貸します。

B: Gracias. Eres muy amable.
親切にありがとう。

完全な不規則変化動詞 -1
ir→vaya, vayas, vaya, vayamos, vayáis, vayan

143

No.137 接続法現在（副詞節）- 2

Cuando llegues a Japón, ¿me llamas?
クアンド　ジェゲス　ア　ハポン、　メ　ジャマス
君が日本に着いた時私に電話をしてくれる？

時

Vamos a salir en cuanto estés lista.
君が用意が出来次第出かけましょう。

Voy de compras antes de que empiece a llover.
雨が降り出す前に私は買物に行きます。

Esperaré hasta que te des cuenta de eso.
私は君がそれに気付くまで待ちましょう。

会話　CD 72

A: Cuando llegues a Japón, ¿me llamas?
君が日本に着いた時私に電話をしてくれる？

B: ¡Claro! Y vamos a vernos, ¿no?
もちろん。そして会いましょうね。

完全な不規則変化動詞 -2
estar→esté, estés, esté, estemos, estéis, estén
dar→dé, des, dé, demos, deis, den

No.138 接続法現在（副詞節） - 3

Por mucho frío que haga, saldré.
ポル　ムチョ　フリオ　ケ　アガ、サルドレ
どんなに寒くても私は出かけます。

譲歩

Aunque haga mal tiempo, tenemos que ir al trabajo.
お天気が悪くても私達は仕事に行かなければならない。

Aunque él tenga dinero, no lo comprará.
彼はたとえお金があってもそれを買わないでしょう。

Aunque sea japonés, no me gusta el pescado crudo.
私は日本人なのに刺身は好きではありません。

会話　CD 72

A: Por mucho frío que haga, saldré.
　　どんなに寒くても私は出かけます。

B: Es mejor que te pongas la bufanda.
　　マフラーをした方がいいですよ。

完全な不規則変化動詞 -3
ser→sea, seas, sea, seamos, seáis, sean

No.139 接続法現在（副詞節）- 4

En caso de que venga, se lo diré.
エン カソ デ ケ ベンガ、セ ロ ディレ
彼が来たら私はそれを言いましょう。

条件・否定

Con tal (de) que llegues a la estación antes de las diez, te voy a buscar.
君が10時前に駅に着くというなら私は君を迎えに行きましょう。

A no ser que haya atascos, vamos en coche.
交通渋滞がなければ私達は車で行きます。

El niño puede vestirse sin que le ayuden.
その子は助けてもらわずに服を着ることが出来ます。

会話　CD 73

A: ¿Lo sabrá él?
彼はそれを知っているでしょうか。

B: Creo que no. En caso de que venga, se lo diré.
知らないと思います。彼が来たら私がそれを言いましょう。

完全な不規則変化動詞 -4
haber→haya, hayas, haya, hayamos, hayáis, hayan

No.140 接続法現在（形容詞節）

Busco una casa que tenga garaje.
ブスコ　ウナ　カサ　ケ　テンガ　ガラヘ
私はガレージがあるような家を探しています。

不特定・否定

¿Conoces a alguien que sepa hablar chino y coreano?
中国語と韓国語が話せるような人を君は知っていますか。

Me gusta cualquier plato que sea de este restaurante.
私はこのレストランの料理ならどれでも好きです。

No habrá nadie que le preste el dinero.
彼にお金を貸すような人は誰もいないだろう。

会話　CD 73

A: Busco una casa que tenga garaje.
　　私はガレージがあるような家を探しています。

B: Y yo quiero una habitación que dé al sur.
　　私は南向きの部屋が欲しいです。

完全な不規則変化動詞 -5
saber→sepa, sepas, sepa, sepamos, sepáis, sepan

No.141 接続法現在完了

Te avisaré cuando haya llegado.
テ　アビサレ　クアンド　アジャ　ジェガド
私が着いたら君に知らせましょう。

haber 動詞接続法現在形　＋　過去分詞

接続法が要求される文中で使用され、用法は直説法現在完了、直説法未来完了に当たります。

haya	hayamos
hayas	hayáis
haya	hayan

＋　過去分詞
（単数男性形）

Me alegro de que te hayas mejorado.
私は君が元気になって嬉しいです。

Espero que dentro de dos años todos hayáis encontrado trabajo.
2年後には君達皆が仕事が見つかっていることを私は望んでいます。

Aquí no hay nadie que haya leído ese libro.
ここにはその本を読んだことのある人は誰もいない。

会話　CD 74

A: ¿A qué hora vendrás a mi casa?
君は何時に私の家に来ますか。

B: Te avisaré cuando haya llegado a la estación.
私が駅に着いたら君に知らせましょう。

No.142 接続法（独立文）

¡Ojalá haga buen tiempo!
オハラ　アガ　ブエン　ティエンポ
よい天気になりますように！

接続法の独立文

¡Que tengas buena suerte!
君が幸運に恵まれますように！

¡Que aproveche!
ゆっくり召し上がれ！

¡Que descanse!
おやすみなさい。

Quieras o no quieras, tienes que estudiar.
君が望もうが望まなかろうが勉強をしなければいけません。

Digan lo que digan, no me importa.
何と言われようが私はかまわない。

Quizá llueva esta noche.
今夜雨が降るかもしれない。

会話　CD 74

A: Mañana es la boda de mi amiga.
明日は私の友人の結婚式です。

B: ¡Ojalá haga buen tiempo!
よい天気になりますように！

No.143 命令文 - 1

Cierra la puerta.
シエラ ラ プエルタ
君、ドアを閉めて。

肯定命令

1. tú に対する肯定命令（直説法現在３人称単数形を使います。）

    Estudia más.　　　　　君、もっと勉強しなさい。

＜不規則形＞
di(decir)　haz(hacer)　ve(ir)　pon(poner)　sal(salir)
ten (tener)　sé (ser)　ven (venir)

    Ten cuidado.　　　　　気を付けて。

    Ven aquí.　　　　　　ここに来なさい。

2. vosotros に対する肯定命令（不定詞の語尾 -r → -d に変えます。）

    Comed tranquilamente.　君達落ち着いて食べなさい。

3. usted, ustedes に対する肯定命令（接続法現在の活用形にします。）

    Espere(n) usted(es) un momento.
    あなた（あなた方）少々お待ちください。

会話　CD 75

A: ¡Cierra la puerta!　　　ドアを閉めて！

B: ¡Vale!　　　　　　　　OK!

No.144　　命令文 - 2

No salgas de noche.
ノ　サルガス　デ　ノチェ
君、夜は外出しないで。

否定命令

人称を問わず接続法現在形を使います。

No trabajes tanto.
そんなに働かないで。

No digas tonterías.
ばかな事を言わないで。

No fume aquí, por favor.
ここで喫煙しないでください。

No molestemos a los demás.
私達は他の人に迷惑をかけないようにしましょう。

No habléis en la biblioteca.
君達は図書館で話さないで。

No abran las ventanas, por favor.
窓を開けないでください。

会話　　CD　75

A: No salgas de noche.
　　夜は外出しないで。

B: Es peligroso por aquí, ¿verdad?
　　この辺は危険なんですね。

No.145　命令文（代名詞を使う場合）- 3

Enséñamelas.
エンセニャメラス
私にそれらを見せて。

代名詞の位置

1. 肯定命令　（代名詞は動詞の直後に連結させます。）

　　　　Dígamelo.　　　　　あなた私にそれをおっしゃってください。

再帰代名詞も動詞の直後に付けますが、vosotros の場合は動詞の語尾の -d を取り再帰代名詞の -os を付けます。

　　　　Levántate.　　　　　君起きて。

　　　　Levantaos.　　　　　君達起きて。

(irse の場合、-d を取らず Idos となりますが通常、口語では原形が使われ Iros となります。また、nosotros では語尾の -s を取り -nos を付けますが、Vayámonos より Vámonos が一般的です。)

2. 否定命令　（代名詞は動詞の前に置きます。）

　　　　No se preocupe.　　　　あなた心配なさらないでください。

　　　　No te lo pongas.（例：lo=el abrigo）　　君それを着るな。

会話　CD 76

A:　Enséñale las fotos a Carmen.
　　カルメンに写真を見せてあげて。

B(Carmen):　A ver, enséñamelas.
　　どれどれ、（私にそれらを）見せて。

No.146

接続法過去

Sentí que estuvieras enfermo.
センティ　ケ　エストゥビエラス　エンフェルモ
君が病気なことを私は残念に思いました。

接続法過去は接続法が用いられる文中で過去の事柄を表したり、主節の動詞との時制の一致や丁寧表現に使われます。活用形は直説法点過去3人称複数形から -ron を取り次の語尾に替えます。

- ra 形→　-ra -ras -ra -ramos -rais -ran
- se 形→　-se -ses -se -semos -seis -sen

    No creo que Pepa fuera estudiante entonces.
    私は当時ペパが学生だったとは思わない。

    El doctor me dijo que no saliera de casa.
    医者は私が外出しないようにと言った。

    Quisiera pedirle un favor.
    ひとつお願いしたいのですが。

como si + 接続法過去

    Margarita canta (cantó) muy bien como si fuera profesional.
    マルガリータはまるでプロのように上手に歌う(歌った)。

会話　CD 76

A: Sentí que estuvieras enfermo.
　　君が病気なことを私は残念に思いました。

B: Gracias. Ya estoy completamente bien.
　　ありがとう。すっかり元気になりました。

No.147 接続法過去完了

No sabía que ella se hubiera mudado.
ノ サビア ケ エジャ セ ウビエラ ムダド
彼女が引っ越していたとは私は知らなかった。

接続法が用いられる文中で過去のある時点より以前の行為、事柄を表します。

haber 動詞接続法過去形＋過去分詞

hubiera/se	hubiéramos/semos	
hubieras/ses	hubierais/seis	＋ 過去分詞
hubiera/se	huebieran/sen	（単数男性形）

Me alegré de que os hubierais casado.
私は君達が結婚したことが嬉しかった。

No creía que te hubieras marchado de España tan pronto.
私は君がそんなに早くスペインを立ったとは思わなかった。

como si ＋ 接続法過去完了

Pablo me contó el accidente como si lo hubiera visto realmente.
パブロはその事故を実際に見たように私に話した。

会話　CD 77

A: No sabía que ella se hubiera mudado.
彼女が引っ越していたとは私は知らなかった。

B: ¿Qué le habrá pasado?
何があったのだろう。

No.148 条件文 - 1

Si yo tuviera dinero, viajaría.
シ ジョ トゥビエラ ディネロ、ビアハリア
私はお金があれば旅行するのだが。

1. 現実的可能性の仮定

Si tengo tiempo, limpiaré la habitación.
私は時間があれば部屋を掃除します。

2. 現実の事実に反する仮定

条件節	帰結節
si + 接続法過去	直説法過去未来

Si él supiera la noticia, me la diría.
もし彼がそのニュースを知っていれば私にそれを言うだろう。

Si me dieran vacaciones, me gustaría visitar Brasil.
私が休暇をもらえればブラジルを訪れたいのだけれど。

Si yo fuera tú, no haría tal cosa.
もし私が君だったらそんなことはしないのだが。

会話 CD 77

A: ¿Qué harías si tuvieras dinero?
もし君がお金を持っていたとしたら何をするでしょう？

B: Si yo tuviera dinero, viajaría.
お金があれば旅行するのだけれど。

No.149 条件文 - 2

Si yo hubiera estudiado más, habría sacado mejor nota.
シ ジョ ウビエラ エストゥディアド マス、アブリア サカド メホル ノタ
もし私がもっと勉強していたならより良い成績が取れたのに。

1. 過去の事実に反する仮定

条件節	帰結節
si + 接続法過去完了	直説法過去未来完了

Si no hubiéramos tomado el taxi, habríamos perdido el avión.
もし私達がタクシーに乗っていなければ飛行機を逃していただろう。

Si él no hubiera tenido el accidente, habría podido ganar el partido.
もし彼が事故に遭わなかったらその試合に勝てていただろうに。

2. 過去の事実に反対＋現在の事実に反対

Si ella hubiera salido temprano, llegaría aquí antes de que empiece el concierto.
もし彼女が早く出かけていたなら、コンサートが始まる前にここに着くのだが。

会話 CD 78

A: ¿Qué tal te fue el examen?
試験どうだった？

B: Si yo hubiera estudiado más, habría podido sacar mejor nota.
もっと勉強していればもっと良い成績がとれたのになあ。

No.150 譲歩 / 仮定

Aunque el coche hubiera sido barato, yo no lo habría comprado.

アウンケ エル コチェ ウビエラ シド バラト、ジョ ノ ロ
アブリア コンプラド

たとえその車が安かったとしても私はそれを買わなかっただろう。

1. Aunque 接続法過去 ＋直説法過去未来
   「たとえ〜でも〜だろう」

   Aunque él tuviera novia ahora, no se casaría todavía.
   たとえ今彼に恋人がいてもまだ結婚しないだろう。

   Aunque tuviera hambre, te esperaría para comer juntos.
   たとえ私は空腹でも一緒に食事をするために君を待ちましょう。

2. Aunque 接続法過去完了＋直説法過去未来完了
   「たとえ〜であったとしても〜だっただろう」

   Aunque hubieras ido muy deprisa, no habrías llegado a tiempo.
   たとえ大急ぎで行ったとしても君は間に合わなかったでしょう。

会話 CD 78

A: Aunque el coche hubiera sido barato, yo no lo habría comprado.
たとえその車が安かったとしても私はそれを買わなかっただろう。

B: Mejor. Lo barato es caro, ¿no?
それがいい。安物買いの銭失いだからね。

著者紹介

青島 郁代〔あおしま・いくよ〕
　神田外語大学・東京国際大学・関東学院大学講師
吹 込 者：瓜谷 アウロラ
写真提供：スペイン政府観光局

目録進呈　落丁本・乱丁本はお取替えいたします。

平成 25 年 8 月 30 日　ⓒ 第 1 版　発行

会話で覚える スペイン語 文法用例集

著　者　青　島　郁　代

発 行 者　佐　藤　政　人

発 行 所
株式
会社　大　学　書　林

東京都文京区小石川 4 丁目 7 番 4 号
振 替 口 座　00120-8-43740
電　話　(03) 3812-6281〜3番
郵便番号 112-0002

ISBN978-4-475-01626-1　　　　開成印刷／精光堂

大学書林
スペイン語参考書

著者	書名	判型	頁数
宮本博司著	超入門スペイン語	Ａ５判	168頁
宮本博司著	初歩のスペイン語	Ａ５判	280頁
三好準之助編	簡約スペイン語辞典	新書判	890頁
三好準之助著	概説アメリカ・スペイン語	Ａ５判	232頁
三好準之助著	南北アメリカ・スペイン語	Ａ５判	192頁
国沢慶一編	スペイン語基礎1500語	新書判	112頁
宮本博司編	スペイン語常用6000語	新書判	384頁
宮本博司編	スペイン語分類単語集	新書判	320頁
瓜谷 望編 アウロラ・ベルエタ	スペイン語会話練習帳	新書判	176頁
寺崎英樹著	スペイン語史	Ａ５判	340頁
寺崎英樹著	スペイン語文法の構造	Ａ５判	256頁
上田和夫著	イディッシュ語文法入門	Ａ５判	272頁
中岡省治著	中世スペイン語入門	Ａ５判	232頁
出口厚実著	スペイン語学入門	Ａ５判	200頁
神保充美著	仕事に役立つスペイン語	Ｂ６判	200頁
山崎信三著 フェリペ・カルバホ	スペイン語ことわざ用法辞典	Ｂ６判	280頁
水谷 清著	英語対照スペイン語会話	Ｂ６判	172頁
瓜谷良平著	スペイン語動詞変化表	新書判	140頁
笠井鎮夫著	スペイン語手紙の書き方	Ｂ６判	210頁

― 目録進呈 ―